中央高校基本科研业务费专项资金资助项目
Fundamental Research Funds for the Central Universities
国家自然科学基金资助项目（71202125）
教育部人文社会科学基金资助项目（12JC630226）
中央财经大学科研创新团队支持计划

无形资产资本化与证券分析师盈余预测

——影响机理与制度背景

魏　紫　著

中国财经出版传媒集团

经济科学出版社
Economic Science Press

图书在版编目（CIP）数据

无形资产资本化与证券分析师盈余预测：影响机理与制度
背景/魏紫著 . —北京：经济科学出版社，2018.8
ISBN 978 - 7 - 5141 - 9650 - 4

Ⅰ.①无⋯ Ⅱ.①魏⋯ Ⅲ.①无形资产管理 - 影响 - 上市
公司 - 会计报表 - 会计分析 - 研究 - 中国 Ⅳ.①F279.246

中国版本图书馆 CIP 数据核字（2018）第 191673 号

责任编辑：王　娟
责任校对：靳玉环
责任印制：邱　天

无形资产资本化与证券分析师盈余预测
——影响机理与制度背景
魏　紫　著
经济科学出版社出版、发行　新华书店经销
社址：北京市海淀区阜成路甲 28 号　邮编：100142
总编部电话：010 - 88191217　发行部电话：010 - 88191522
网址：www. esp. com. cn
电子邮件：esp@ esp. com. cn
天猫网店：经济科学出版社旗舰店
网址：http：//jjkxcbs. tmall. com
北京财经印刷厂印装
710 × 1000　16 开　12.5 印张　210000 字
2018 年 8 月第 1 版　2018 年 8 月第 1 次印刷
ISBN 978 - 7 - 5141 - 9650 - 4　定价：49.00 元
（图书出现印装问题，本社负责调换。电话：010 - 88191510）
（版权所有　侵权必究　打击盗版　举报热线：010 - 88191661
QQ：2242791300　营销中心电话：010 - 88191537
电子邮箱：dbts@ esp. com. cn）

前　言

随着科学的发展、技术的进步、知识的积累，人类社会已经由工业时代步入信息时代。有形资产曾经是工业经济时代企业价值创造的主要源泉，然而，随着知识经济时代的来临，产品和劳务中"物质"的比重不断下降，"知识信息"的比重不断上升，企业价值链的重心已经逐渐由有形资产"漂移"至无形资产，正如罗德菲格（Goldfinger）在 1997 年的论述中所说，当今社会的经济价值和财富不再是由物质要素生产的结果，而是基于无形资产的创造。

随着无形资产重要作用的日益凸显，无形资产的信息披露成为资本市场投资者关注的重点。大量研究表明，企业财务报告中无形资产的信息对于投资者评估企业的价值、盈利状况以及帮助投资者进行投资决策有着重大的意义。然而，传统的财务计量体系从稳健性原则出发，不倾向于将企业全部的无形资产反映在资产负债表中，从而导致了大部分的无形资产不能在企业的财务报表中得以体现，无形资产信息披露存在较严重的信息披露不对称，这就导致了投资者很难无偏的估计企业的价值以及预测企业未来的盈利能力，无形资产信息披露的相关性和有用性受到了质疑。

在这种背景下，本书以财务信息披露理论为基础，在我国无形资产财务报告准则实现国际趋同这一制度变迁的环境下，从资本市场最聪明和最专业的财务报表使用者——证券分析师的视角出发，从"影响机理"和"制度背景"两个角度研究了财务报表对无形资产反映的充分程度，即无形资产资本化对财务报表使用者进行预测和决策的影响。

本书的研究结果表明，企业无形资产资本化程度越高，分析师盈余预测跟随越少，分析师盈余预测的准确程度越高，分析师之间的预测分歧越小。此外，我国在 2007 年实施的无形资产新准则从宏观制度层面提高了财务报表内无形资产信息的相关性和可靠性，增强了无形资产资本化与证券分析师盈余预测的相关性，因而提高了财务报表中无形资产信息对财务报表使用者的有用性。

目　　录

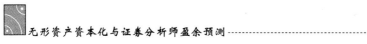

第1章

绪　论

1.1　问题的提出与选题的意义

随着科学的发展、技术的进步、知识的积累，人类社会已经由工业时代步入信息时代。有形资产曾经是工业经济时代企业价值创造的主要源泉，然而随着知识经济时代的来临，产品和劳务中"物质"的比重不断下降，"知识信息"的比重不断上升，企业价值链的重心已经逐渐由有形资产"漂移"至无形资产，正如罗德菲格（Goldfinger）在 1997 年的论述中所说，当今社会的经济价值和财富不再是由物质要素生产的结果，而是基于无形资产的创造。

著名的无形资产研究专家列弗（Lev，1996）认为，无形资产使用的非竞争性、报酬递增性和网络效应使得无形资产具有巨大的价值创造潜力，无形资产比有形资产能够创造出更多的价值。制度经济学的鼻祖凡伯伦（Veblen Thorstein）把无形资产视为企业的核心资源，无形资产的多少最终决定着一个企业在市场中的竞争力。卢卡斯（Lucas，1988）的内生增长性理论认为，无形资产具有显著的外部性，无形资产投资具有更强的规模效应。奥尔森（Olshon，1995）认为，无形资产能给企业带来超额收益。正是由于无形资产超乎寻常的获利能力，越来越多的企业通过加大无形资产投资的方式来寻求获取核心能力和竞争优势，也正是由于无形资产对于企业的非凡意义，资本市场的投资者更加关注企业无形资产的信息，渴望了解企业无形资产的真实状况。

然而，尽管无形资产的重要作用日益凸显，财务报告的发展却并未能跟上时代的步伐。传统的财务计量体系从稳健性原则出发，只将符合当前会计确认条件的小部分无形资产反映在资产负债表中，与无形资产相关的研发费用以及其他重要的无形资源则几乎从企业财务报表中神秘地"蒸发"了。比如，可口可乐和微软是世界排名前两位的最有价值的品牌，根据 2016 年美国商业周刊的报道，他们的品牌价值分别为 73.02 亿美元和 727.95 亿美元，然而，这些体现企业价值的重要数字在可口可乐公司和微软公司的财务报表上却毫无体现。无形资产的研究开发过程需要巨大的资本投入，这些巨额的支出将全部的归于企业的费用，而研发成功后，计入财务报表中的无形资产只有律师费用或者注册费用[①]，这些边际成本和研究开发支出相比只是九牛一毛，财务报表对无形资产的反映可谓"捡了芝麻，丢了西瓜"。在这种情况下，大量的无形资产信息被排除在财务报表之外，投资者无法根据企业的财务报告来了解企业无形资产的真实状况，不能正确地评估一个企业的资产与收益，从而无法甄别有潜力的公司进行投资。因此，财务报表对无形资产信息披露[②]降低了无形资产信息对报表使用者的有用性，损害了财务信息披露的信息传递功能。列弗（1989）认为，近年来造成财务信息披露质量降低的"罪魁祸首"就是当前的财务体系不能充分如实地反映企业日渐增多的无形资产。

那么，财务报表中能反映出多少无形资产会在多大程度上影响投资者的决策呢？针对这一规范性研究不能解决的问题，大量的学者采用实证研究的方法试图对此问题做出回答。由于投资者的反应不能直接获取，绝大部分的文献都是从资产负债表内确认的无形资产与企业未来盈余、股票的价格，以及股票回报率具有相关性的角度（value relevance）来揭示无形资产信息对投资者来说具有有用性，从而得出在准则的约束下无形资产信息披露不充分将会影响投资者决策的结论。这种设计的理论基础在于，股票价格反映了投资者对公司未来盈利的预期，股票价格的变动是投资者投资信念变动的标识。虽然无形资产价值相关性的研究提供了一个有益的研究视角，但这种方式始终是从间接而非直接的角度来检验无形资产信息披露对报表使用者的决策影响。此外，现存的大部分实证研究仅仅局限于企业无形资产存量（即无形资产在财务报表中的确认金额）的研究，却没有考虑财务报告对无形资产信息反映程度的影响，即无形资产

---

① 从 2007 年 1 月 1 日起，我国实施的新的会计准则，新准则规定，研发支出采用有条件资本的方法进行处理。

② 披露有广义和狭义之分，本书提及的无形资产信息披露，指的是无形资产在资本负债表中的确认。

资本化程度的影响，因此，事实上也并没有回答规范研究提出的问题（邵红霞，2007）。

有没有更为直接的方式可以检验无形资产信息披露对报表使用者的影响呢？答案是肯定的。证券分析师是资本市场的重要媒介，一方面，他们从企业公开披露的财务报告中获取信息进行分析和加工，并形成预测；另一方面，他们把预测通过有偿或者无偿的方式转让给投资者，并对投资者决策形成重要影响。企业公开披露的财务报告是分析师进行预测最重要的信息来源（Buzby，1974；Stanga，1977）。财务报告在公司、证券分析师以及投资者之间的流动①可用图 1 - 1 表示：

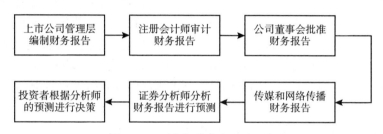

图 1 - 1　财务报告信息流动链条

从图 1 - 1 可见，证券分析师也是资本市场最为专业和最直接的财务报告使用者，也是财务信息真正的"消费者"。在财务报表使用者自身的专业程度和理性程度较高的情况下，财务报告的信息质量就成了影响证券分析师盈余预测结果的重要影响因素。由于无形资产信息是财务报告信息的重要组成部分，无形资产信息披露的充分程度影响了财务信息的质量，并且证券分析师盈余预测的准确性和分散性可以进行事后验证，因此，研究无形资产在财务报表中被反映的充分程度与证券分析师盈余预测的关联，就为研究无形资产化程度对报表使用者的影响提供了一个直接的观察视角。那么，企业无形资产资本化程度"是否会影响"证券分析师的盈余预测？又将"如何影响"证券分析师的盈余预测？企业无形资产资本化对证券分析师盈余预测的影响机理是什么？

无形资产是个具有广阔内涵的概念集合，不同类型的无形资产有着不

_____

① 当然，投资者也可以不从分析师那里获取信息，依靠自己对财务报表的分析而做出投资决策。然而，大量研究发现，投资者非常重视股票经纪人和分析师的意见，而不重视财务报告（Baker and Haslem，1973）。在这里我们只展现依靠分析师的投资者。

同的特征，对企业也有着不同的贡献。根据我国无形资产准则，土地使用权、特许使用权、其他使用权、专利权、非专利技术、商标权等都属于无形资产。这些无形资产大体上可以分为权力型无形资产和技术型无形资产，那么不同类型的无形资产在证券分析师眼中是否具有不同的意义？不同类型的无形资产资本化程度是否会对证券分析师的盈余预测有着不同的影响？

列弗（1989）认为，造成财务信息披露质量降低的主要原因是由于当前的财务报告准则不能如实地反映企业的无形资产。无形资产披露的充分程度，即无形资产资本化程度和会计准则的规定密切相关。然而，财务报告准则并不是一成不变的死板律例，财务报告准则是随着社会变化和报表使用者需求的变化不断调整的一种制度安排。在经济全球化的潮流下，为了保证财务信息的可比性，多个国家纷纷对本土财务报告准则进行修订，力求与国际财务报告准则趋同。在这种背景下，我国于2007年1月1日在上市公司范围内开始实施与国际会计准则趋同的新财务报告准则，旨在提高会计信息对报表使用者的有用性。其中，有关无形资产的财务报告准则有着较大的改变。那么，新准则的实施、财务报告制度的变化会给企业无形资产资本化带来怎样的影响？财务制度的变迁是否会增强无形资产资本化与证券分析师盈余预测之间关联？和旧的财务报告准则相比，新准则的实施是否会提高资本化的无形资产信息对证券分析师的有用性？这些都是公司管理层、证券分析师、投资者以及财务报告准则制定者迫切想要知道答案的问题。

问题即是方向。这些问题为研究无形资产信息披露充分程度对报表使用者的决策影响提供了一个新的思路。更为重要的是，这种思路充分地考虑了财务报表准则这一制度因素对无形资产信息披露的影响，并且动态地研究了准则的变更是否改善了无形资产信息质量，从而提高对报表使用者的有用性。这些问题为规范性研究已经得出的结论提供了实证检验。同时，这些问题对于研究者、公司管理层、证券分析师，以及财务报告准则制定机构同样具有重要的意义。

对公司管理层来说，在当前的财务报告准则给予管理者一定的会计政策选择权的条件下，是否选择在报表上确认无形资产，什么时候选择在报表上确认无形资产、外部投资者对报表上的无形资产信息会有怎样的反应？进而对公司融资的资本成本有什么影响？这些问题对于公司财务总监的披露决策至关重要。而本书的研究将通过分析师的视角给予公司管理人员一定的外部反馈信息。

对证券分析师来说，一直以来的研究都表明财务信息披露的质量对分析师盈余预测准确性以及分析师之间的预测分歧有着重要的影响。但是几乎所有的研究都是从财务报告的整体出发，对于财务报表中个别重要项目（比如无形资产）的信息对分析师预测的影响的研究非常稀少。证券分析师在分析企业财务报表的时候除了关注传统的科目，还有哪些信息特别重要并会影响到预测的结果呢？这是分析师们比较关心的问题。本书研究表明，随着无形资产对企业重要性的增加，分析师应对财务报表中的无形资产信息予以重点关注。

对准则制定机构来说，国际趋同并不是准则变更的最终目的，财务准则变更的最终目标在于提高财务报告的信息质量，增强财务报告信息对报表使用者的有用性。那么无形资产新准则的实施对企业无形资产信息披露有哪些实际影响？新准则的实施是否有效地提高了无形资产信息披露的质量，增强了无形资产表内确认信息对报表使用者的有用性？这些是准则制定者最为专注，但是却是规范性研究无法给予验证的问题。本书的研究量化了新准则的实施对企业无形资产报表数额的影响，并且从分析师的视角为无形资产新准则实施效果的检验提供了证据。

1.2　研究内容与结构安排

本书以财务信息披露的基本理论为基础，在我国财务报告准则实现国际趋同这一制度变迁的背景下，从资本市场最为专业、最为直接的财务报表使用者——证券分析师的视角出发，研究了企业无形资产资本化对证券分析师盈余预测的影响机理以及财务报告准则这一制度因素的变化对无形资产信息和证券分析师盈余预测之间关系的影响。具体来说，本书主要研究了以下内容。

（1）在理论分析的基础上，本书研究了企业无形资产的资本化对证券分析师盈余预测跟随行为、证券分析师盈余预测的准确性、证券分析师盈余预测的分散性的影响机理，从而回答了财务报表对无形资产反映的充分程度"是否会影响"以及"如何影响"信息使用者的决策这一无形资产研究的核心问题。

（2）由于无形资产种类繁多，不同无形资产具有不同特征，对企业的贡献也不相同，基于无形资产总额的无形资产资本化与证券分析师盈余预测关联研究的基础上，本书进一步考察了不同类型无形资产资本化"是否"对最为专业的报表使用者——证券分析师来说具有不同的信息含义，并且对证券分析师跟随、证券分析师盈余预测的准确性以及证券分析师盈余预测的分散性有不同的影响。

（3）由于企业无形资产资本化程度与财务报告准则的规定密切相关，具有鲜明的"制度背景特色"，本书进一步研究了财务报告准则这一"制度因素"对企业无形资产资本化和证券分析师盈余预测之间关系的影响。以我国 2007 年的财务报告准则实现国际趋同为主线，本书分析了在新旧准则两种框架下财务报表中的无形资产（即资本化的无形资产）对财务报表最为专业的使用者——证券分析师的有用性，并在此基础上考察了新的财务报告准则的实施是否增强了无形资产资本化与证券分析师跟随、证券分析师盈余预测准确性、证券分析师盈余预测分散性之间的关联，从而回答了新准则的实施是否提高了无形资产资本化信息对报表使用者的有用性这一重要问题。

本书的结构安排见图 1 - 2。

第 1 章为绪论。概述了本书的研究目、研究内容和研究意义，简要介绍本书的研究框架。

第 2 章为相关理论回顾与文献综述。这一部分介绍了财务信息披露的理论基础、财务信息披露的方式、财务信息披露的形式以及财务信息披露质量对投资者和证券分析师的影响，为后文的研究提供了一个整体的研究框架，并对后文要用到的信息披露的基本常识予以阐明。通过对无形资产文献和证券分析师盈余预测文献的系统回顾，明晰了无形资产信息披露和证券分析师盈余预测两个研究分支的整体研究脉络，展现了这两个研究分支的理论契合点，为本书后面的研究奠定了基础，并进一步明确了本书的研究对这两个研究分支的传承和创新。

第 3 章为我国企业无形资产资本化的制度背景分析。由于无形资产信息披露与财务报告准则密切相关，并且我国于 2007 年实施了新的财务报表准则，因此，对于无形资产信息披露的制度背景的了解极为重要。这一部分介绍了无形资产的经济性质、无形资产的信息披露及价值相关性、我国无形资产信息披露制度的演进，以及无形资产资本化的度量。

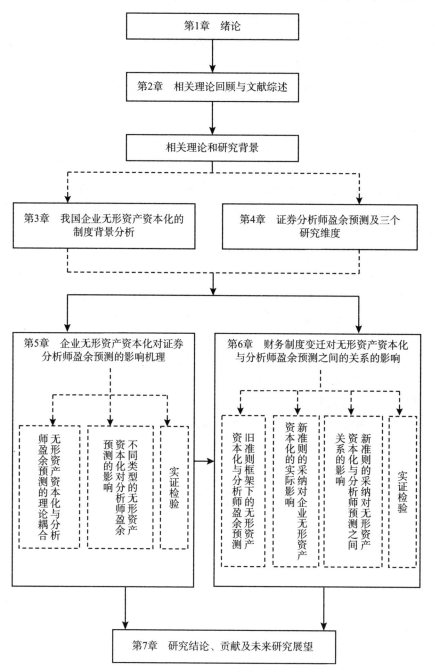

图1-2 本书结构图

第4章为证券分析师盈余预测及三个研究维度。为了全面以及多角度地了解证券分析师对企业无形资产信息的反应，本书采用了证券分析师盈余预测跟随、证券分析师盈余预测的准确性、证券分析师盈余预测的分散性三个研究维度来捕捉分析师对信息的反应。这一章介绍了证券分析师盈余预测的三个维度、证券分析师盈余预测的信息来源以及财务报告信息质量对证券分析师盈余预测三个维度的影响。

第5章为企业无形资产资本化对证券分析师盈余预测的影响机理。这一部分剖析了无形资产资本化与证券分析师盈余预测跟随、证券分析师盈余预测准确性、证券分析师盈余预测分散性之间的耦合机理，并提出假设，然后在现行准则的框架下对提出的假设进行实证检验。在检验企业无形资产资本化和分析师盈余预测之间关系的基础上，本章进一步检验了不同类型的无形资产信息对分析师盈余预测的影响。

第6章为财务制度变迁对无形资产资本化与分析师盈余预测之间关系的影响。为了全面地检验财务报告新准则对无形资产信息披露和分析师盈余预测的影响，这一章首先介绍了国际会计趋同背景下的我国财务报告准则的变更，然后分析了新旧无形资产准则在内容上的差异，并利用特殊的数据将新准则的实施对企业无形资产信息披露的实际影响予以量化，并在此基础上，进一步检验了无形资产新准则的实施对无形资产资本化与分析师盈余预测之间关系的影响。

第7章为研究结论、贡献及未来研究展望。概括了本书的主要发现、主要贡献、对政策的建议以及未来的研究方向。

1.3　本书的研究特色

本书基于财务信息披露的基本理论，从影响机理和制度背景两个角度考察了企业无形资产资本化与证券分析师盈余预测的关系。和国内外的已有文献相比，本书的研究特色如下。

1.3.1　全新的研究视角

传统的规范性研究通过理论分析得出这样的结论：

由于会计准则的谨慎性规定，企业大部分无形资产在财务报表中未能得以确认，这种情况就造成了投资者不能了解企业无形资产的总体状况，不能正确地评估一个企业的资产和收益。无形资产的信息披露准则降低了财务信息披露质量，损害了无形资产信息对投资者的有用性。由于投资者的反应不能直接获取，绝大部分的文献都是从无形资产信息与企业未来盈余、股票的价格，以及股票回报率具有相关性的角度（即价值相关性的角度）来揭示无形资产信息对投资者来说具有有用性。这种设计的理论基础在于，股票价格反映了投资者对公司未来盈利的预期。股票价格的变动是投资者投资信念变动的标识。然而，这种方式始终是从间接而非直接的角度来检验财务报表中的无形资产信息对报表使用者的有用性。本书采用了一种更为直接的方式，从资本市场最为职业、最为直接的财务报表使用者——证券分析师的视角出发，检验了无形资产在财务报表中的反映程度（即无形资产资本化程度）对报表使用者进行决策和预测的影响，从而对无形资产信息披露的充分程度是否会影响信息使用者的决策这一无形资产研究的核心问题予以了正面回答。

1.3.2 全面的研究维度

有关无形资产和证券分析师盈余预测之间关联的研究是一个全新的研究视角，目前存在的实证文献并不多。现存的有关无形资产和证券分析师盈余预测的研究大多只是考察企业无形资产存量（即无形资产在财务报表中的确认金额）与证券分析师盈余预测的某一特征之间的关联，而并没有把无形资产资本化程度（即在财务报表中确认的无形资产和企业全部无形资产价值的比值）对证券分析师盈余预测的三个研究维度（即分析师跟随、预测的准确性、预测的分散性）的影响进行检验。本书则从证券分析师跟随、证券分析师盈余预测准确性、证券分析师盈余预测分散性这三个最重要的证券分析师盈余预测的研究维度出发，全面地考察了企业无形资产资本化程度对证券分析师盈余预测的影响。

此外，现行的大部分有关无形资产的研究，都把企业的无形资产视为一个整体，并未对不同类型的无形资产进行分类研究，因此，并未打开无形资产研究的"黑箱"。虽然少量文献对不同类型的无形资产进行了研究，但是迄今为止，还没有一篇文献分析了不同类型的资本化的无形资产对证券分析师盈余预测的影响。本书填补了这一理论空白。

1.3.3 最新的度量方法

在有关无形资产的研究上，现存的文献大部分只是局限于企业无形资产存量（即无形资产在财务报表中的确认金额）与股价或者其他变量的联系，而并没有把无形资产资本化程度（即在财务报表中确认的无形资产和企业全部无形资产价值的比值）的影响进行检验，从而没有从根本上回答财务报表中无形资产的确认程度这一无形资产信息披露的核心问题。本书充分考虑了财务报告准则对无形资产信息披露的约束，通过财务报表披露的无形资产与广义无形资产的比值，即无形资产资本化程度这一变量去考察无形资产的信息披露的充分程度，从而弥补了以往研究的不足。

1.3.4 以制度背景和准则因素为研究主线

无形资产在财务报表中的确认程度有着很强的制度背景与无形资产会计准则的规定紧密相关，但是无形资产财务报告准则并不是一成不变的，它会随着社会的变化和市场需求的变化而不断调整。在经济一体化的浪潮下，在各国会计准则不断走向国际趋同的过程中，为了保证会计信息的可比性，各个国家纷纷对本土会计准则进行修改，和国际会计准则保持趋同。新准则的实施是否会提高财务报表中无形资产信息对报告使用者的有用性？这些是对无形资产信息披露至关重要的问题。可能是由于各个国家采用国际会计准则的时间并不一致，而且我国新准则实施的时间还不长，国内和国外的文献对无形资产准则变动影响的实证研究至今仍是无人问津，本书弥补了这一空白。

1.3.5 数据收集上的特色

为了研究新的财务报告准则对企业无形资产报表数据的实际影响，必须对企业在新旧两种财务报告准则之下的无形资产报表数额进行对比。然而，由于企业的经济状况和规模每年都各不相同，对于同一企业在新准则实施之前的无形资产报表数额和新准则实施之后的无形资产报表数额进行对比并不科学，因为企业的经营环境已经有了改变。本书创新性地运用财政部对于企业第一年采用新准则提供的年报必须对前一年的报表数据（旧准则下）进行新准则追溯调整的规定，通过对 CSMAR 数据库的数据调整，收集到企业的同一时点，在新旧准则两种准则下无形资产报表数额，并进行比较，从而考察了纯粹的制度因素对企业无形资产报表数额的影响，为研究无形资产新准则实施的影响奠定了基础。

为了研究不同类型的无形资产对分析师盈余预测的影响，本书采用"手动收集"的方式，从样本公司年报的财务报表附注信息中采集企业披露的不同类型的无形资产的数额，从而为本书的研究提供了特殊数据支持。

第2章

相关理论回顾与文献综述

本章将对财务信息披露的基本理论以及国内外有关无形资产信息披露和证券分析师盈余预测的主要文献进行系统回顾和综述。通过理论的回顾和文献的梳理，本章展现了财务信息披露、无形资产信息披露、证券分析师盈余预测三个理论分支的研究脉络，明晰了它们之间的理论契合点，为后文阐述无形资产资本化与证券分析师盈余预测的关系奠定了基础。

2.1 财务信息披露的相关理论回顾

证券市场是市场经济的重要组成部分，其主要功能是对社会稀缺的资本资源进行最优配置，证券市场资源配置效率是衡量资本市场有效性的关键。哈耶克（Haywk，1948）认为，任何资源配置都是特定决策的结果，而人们做出的任何决策都是基于给定的信息。因此，证券市场的根本问题就在于如何对信息制造、信息传递、信息运用以及信息反馈做出一个合理的制度安排，通过提高信息的有效性从而达到资源优化配置的目标。财务信息是证券市场中所有信息中最为关键的信息，它是企业综合状况的数量化反映，是投资者决策最重要的依据，也是证券市场信息披露的核心内容。财务信息披露通过一定的披露方式和披露形式，降低了企业内部管理者和企业外部投资者之间的信息不对称、帮助投资者更好地识别上市公司的优劣、约束管理者的道德风险行为，从而降低了公司的资本成本，提高了证券市场的效率，优化了证券市场的资源配置。

无形资产信息披露是企业财务信息披露的重要组成部分，因此，无形资产信息披露必然也符合财务信息披露的基本理论，无形资产信息披露的优劣会影响到企业财务信息披露的整体质量。因此，在讨论无形资产信息披露之前，本节将从财务信息披露的理论基础、财务信息披露的方式、财务信息披露的形式，以及财务信息披露的经济后果四个方面对财务信息披露的基本理论予以介绍，为后文研究无形资产信息披露奠定理论基础。

2.1.1 财务信息披露的理论基础

财务信息披露理论建立在证券市场有效性理论（effective market）、信息不对称理论（information asymmetry）、委托代理理论（agency theory）、信号传递理论（signaling）和四大理论基础之上。这四种理论构成了解释财务信息披露的成因、财务信息披露的作用，以及财务信息披露的经济后果的逻辑主线，是分析财务信息披露问题的理论基石。

2.1.1.1 证券市场有效性理论

证券市场有效理论（effective market）是由美国经济学家法玛（fama）在 1970 年提出的。根据法玛的定义，如果证券价格完全反映了市场所有可获得的信息，这样的市场就是有效市场。根据证券市场对可获得信息的利用程度，罗伯特（Roberts，1967）将资本市场分为三种：第一，弱式有效市场（weak-form efficient market），即当前的股票价格反映了所有的股票价格以及交易量的历史信息；第二，半强势有效市场（semi-strong-form market），即当前的证券价格不仅反映了所包含的历史信息，而且充分反映了所有的市场公开信息；第三，强势有效市场（strong-form efficient market），即当前股票价格充分反映了所有相关的信息，这些信息不仅包括市场上的公开信息，还包括各种私人信息以及内幕消息。

从证券市场有效性的定义和分类上来看，证券市场的有效性和信息传递的有效性密切相关，信息传递的有效性决定了证券市场的有效性。证券市场信息流动的过程按照逻辑顺序可以分为四个阶段，这四个阶段依次为信息披露、信息传递、信息解读以及信息反馈。在这四个连续的过程中，信息披露（即信息流动过程中的第一阶段）是信息有效传递和信息得以迅速反馈的前提和基础，信息披露的质量决定信息传递的效率以及投资者对信息反馈的结果。正如哈耶克（1948）所说，任何资源配置都是特定决策的结果，而任何决策都是基于给定的信息。因此，充分的信息披露不仅是证券市场信息传导机制有效的前提，也是证券市场有效的重要保障。

2.1.1.2 信息不对称理论

信息不对称（information asymmetry）指的是信息在各个市场参与者之间的分布是不对称的。其中的一方比另一方有着更多、更准确的信息，在交易中处于优势地位。对于信息不对称产生的原因，哈耶克（1948）进行了概括：第一，人的知识和认知能力是有限的，社会分工不同使得市场参与者的知识构成体系和认识能力存在差异；第二，信息搜集需要成本，如果市场参与者的信息搜集收益低于信息搜集成本，该参与者就不会发生信息搜寻行为；第三，出于交易获利的目的，信息优势群体对弱势群体采取了信息垄断措施。

在证券市场中，信息的完全对称是一个永远无法达到的完美想象，信息不对称才是真实世界中的常态。这种常态性的先天性缺陷对资本市场有效性造成了严重的影响。一方面，由于信息不对称，证券市场投资者不能了解企业真实的经济状况，因而不能甄别企业的优劣，从而导致投资决策失误，造成了"劣货市场"和"逆向选择"等不良结果，这种结果损坏了证券市场资源优化配置的功能，最终导致证券市场萎缩甚至关闭。另一方面，由于信息不对称，处于信息劣势的一方交易风险增大，为了对这种风险进行补偿，信息劣势方会提高证券卖出价格或降低证券买入价格，从而阻碍了证券市场的流动性。

信息不对称不能被消除，但是证券市场可以采取一定的措施在可行的程度上尽可能地降低信息不对称的程度。财务信息披露正是降低证券市场信息不对称的最有效的手段。通过企业自愿性的财务信息披露或者强制性的财务信息披露，信息从企业内部流向企业外部，企业内外信息不对称程度有所下降，从而增加了投资者对企业的了解，使投资者可以更好地甄别企业的优劣，然后做出正确的投资决策，提高了证券市场的资源配置效率。同时，信息不对称程度的下降使投资者对企业的不确定性进一步降低，从而促进了证券市场的流动性。

2.1.1.3 委托代理理论

委托代理理论（agency theory）认为，随着股份有限公司这种企业组织形式的出现，公司的所有权和经营权开始分离。两权分离的组织结构使得公司内部管理人员比公司外部股东具有信息优势，内部管理人员具有外部股东无法获知的内幕信息，即公司内部管理人员与公司外部股东之间存在着严重的信息不对称。由于经理人和股东之间的利益目标并不一致，在上市公司信息披露的过程中，公司内部经理人可能会为了满足自己的个人利益，隐藏或者操纵公司真实的信息，从而歪曲了企业的经营业绩，最终影响了投资者的决策，损坏了证券市场的资源优化配置的功能。

委托代理理论告诉我们在信息披露的过程中，存在着道德风险。这也是对公司信息披露采取管制的一个重要理由。通过对公司信息披露进行管制，即强制性地要求所有的上市公司都必须按照一定的规则对公司的信息进行真实披露，公司内部管理人员的道德风险行为得到了约束，从而使得公司内部和外部的信息不对称程度得到有效降低。

2.1.1.4 信号传递理论

信号传递理论（signaling）是由斯潘斯（M. Spence）在 1974 年首先提出的，信号主动传递是指信息优势方会主动将信息传递给信息劣势方，从而使信息劣势方可以达到信息甄别（screening）的目的。

信号传递理论在财务信息披露中表现为拥有良好业绩的公司往往会主动地向外界披露公司的业绩及盈利预测，以便投资者能够认识到公司的价值和在行业中的优势地位，使公司能以更合理的价格进行股票发行或者股票增发，从而达到降低公司资本成本的目的。另外，由于经理人薪酬通常和公司股价相挂钩，或者公司采用了股权激励的方式对经理人进行激励，在公司的股价被低估的情况下，经理人会主动向投资者进行信息披露，从而降低了股价下跌给自身带来损失的风险。信息主动披露具有连锁效应，在竞争激烈的市场中，由于业绩好的公司会进行主动披露，并且投资者已经默认沉默也是一种坏消息，因此，业绩不好的公司由于群体压力也会向外披露信息。信号传递理论是企业财务信息自愿披露的一个重要的解释原因，它对证券市场信息流动的良性循环起到了重要的作用。

2.1.2 财务信息披露的方式、形式与会计准则

2.1.2.1 财务信息披露的方式

财务报告信息是衡量资本市场企业价值的重要依据，财务信息披露对于降低信息成本进而降低交易费用、提高资本市场资源配置效率具有重大意义。财务信息披露有两种方式：一种是自愿披露（voluntary disclosure），

即财务信息提供者通过私人契约来约束财务信息供给，披露哪些信息、披露多少信息、按什么标准进行披露都可以由财务信息提供者自行约定。另一种是强制性披露（compulsory disclosure），即政府或者监管第三方强制性地要求上市公司按照一定的规则来披露公司财务信息。大量文献阐述了对公司财务信息披露实施管制的理由，这些理由可以概括为五点①。

第一，公司对信息的垄断。公司是信息的垄断提供者，在没有外界干预的情况下，公司会限制对外信息披露的范围。强制性披露能保证投资者获得更多的财务信息。

第二，经理人和股东之间的信息不对称。根据阿克洛夫（Akerlof，1970）的柠檬市场理论，内部经理人和外部投资者之间存在着信息不对称，经理人很可能出于私人动机隐藏不利的信息，如果不对财务信息披露实施管制，投资者就不能甄别质量不同的公司并做出正确的投资决策，这样就导致了资本市场资源配置的无效。

第三，强制性会计信息披露准则的颁布降低了资本市场的风险，增加了会计信息披露的质量，证券定价偏离程度减小，资本市场资源配置效率得到了提高。

第四，公司信息是一种供给产品。公司公开披露的财务信息是一种典型的公共物品，同时也具备了公共物品的特性——外溢性（externality）。所有市场参与人都可以免费地获取相关的信息，其中也包括公司的竞争者，这样就对公司的竞争优势形成了不利的影响。这将促使很多公司不会无保留地披露公司的全部信息，至少披露的信息不会涉及公司核心竞争力的内容。然而，这些信息对于投资者评价公司的业绩以及未来的发展前景是至关重要的。因此，对财务信息披露进行管制是必要的，它能保证投资者获得充分的信息。

第五，保护投资者利益维护社会公平。公平、公开、公正是证券市场的基本原则，只有当任何一个投资者均有相同的机会获得与投资决策相关的信息时，公司信息披露才可谓公平。信息的强制披露可以减少信息不对称给投资者带来的损失，从而树立了投资者的信心，优化了资本市场的资源配置。

强制性财务信息披露从宏观范围上对整个证券市场所有公司的财务信息披露进行管制，要求企业必须按照财务报告制度和会计准则来进行披

---

① 参考了许业荣：《有效市场假说与信息充分披露》，厦门大学2004年博士学位论文。

露，但是由于现行的财务制度和会计准则具有计量和披露的局限性，强制披露有时并不能完美地反映所有的信息，在强制性信息披露质量不高的情况下，上市公司会采用自愿披露的方式向市场发出信号，从而对强制披露进行补充。由于财务报告规则和会计准则是决定财务信息强制披露质量的决定性因素，因此，财务报告规则和会计准则的质量成为影响公司财务信息自愿披露和强制披露的关键因素[①]。如何制定高质量的会计准则成了资本市场财务信息披露的核心问题。

2.1.2.2　财务信息披露的形式

财务信息强制披露要求企业必须按照一定的期间提供反映企业财务信息的报告。财务报告包括财务报表、报表附注、辅助报表和其他财务报告。披露和确认都是财务报告表述的手段。但两者的适用对象和作用并不相同。

对于确认，美国财务会计准则委员会（以下简称 FASB）在《企业财务报表项目的确认和计量》（Recognition and Measurement in Financial State-ments of Business Enterprise）中将确认（recognition）定义为"将某一项目，作为一项资产、负债、营业收入、费用等正式地列入财务报表的过程。它包括同时使用文字和数字描述某一项目，将其金额包括在报表总计之中"。

对于披露，目前尚不存在严格的定义。葛家澍（2003）认为，披露的信息不必符合确认的基本标准，也可以不受公认会计准则的制约；披露的信息在表外且可以是定量也可以是定性的信息。实际上，披露有广义和狭义之分。广义上的披露，泛指财务报告，包括确认；而狭义的披露是指确认之外的表外附注及其他财务报告，也称表外披露。本书采用广义披露的概念，对于狭义的披露，本书用表外披露来表示。这样整个公司的财务报告可以由图 2 - 1 来表示：

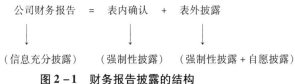

图 2 - 1　财务报告披露的结构

---

① 美国 SEC 前首席会计师萨顿（Sutton）认为，美国资本市场的成功在很大程度上应归功于美国上市公司高质量的会计与信息披露准则。

表内确认和表外披露的信息在信息确定程度上具有差异。FASB指出，最有用的信息，一般应在财务报表中予以"确认"。换言之，这种观念认为，表内确认是主体，附注只是起到支持和补充作用，因此，确认与披露在信息含量上具有差异，确认的信息含量高于披露。基于这一观念，对于用户有用的信息，应当在财务报表中得到确认，而不仅仅是在报表附注或其他财务报告中加以披露。

柏思、柯林池和史班路（Barth, Clinch and Shibano, 2003）用模型分析的方法研究了表内确认信息的质量、表外披露信息的质量与股价之间的关系。他们的研究表明：（1）会计信息的表内确认和表外披露具有不同的价值相关性，对一个可靠性较差的项目进行确认比在报表附注中进行披露使股价具有更多的信息含量；然而对一个可靠性比较高的会计项目进行确认比对这个项目进行表外披露则会导致更低的股价信息含量。（2）决定对一个项目进行确认还是披露仅仅依赖于该项目的"可靠性"未免有失偏颇。"相关性"也是一个衡量的重要因素。（3）确认和披露会影响股价和会计项目之间的回归系数，因此，确认和披露这两种财务信息披露形式的选择对资本市场的信息传递有着重要的影响。

伯纳德和驰珀（Bernard and Schipper, 1994）的研究也表明确认和披露是有差别的。确认意味着更准确或者更相关，确认和计量会产生不同的股价效应。安博德（Aboody, 1997）对石油和天然气行业进行研究后发现，确认和披露对股价的确有不同的影响，披露不能代替确认。

2.1.2.3 财务信息披露与会计准则

通过以上的研究可知：第一，企业财务信息披露的方式包括强制性披露和自愿性披露，在强制性信息披露质量不高的情况下，上市公司会采用自愿披露的方式向市场发出信号从而对强制披露进行补充。由于会计准则是决定财务信息强制披露质量的决定性因素，因此，会计准则的质量成为影响公司财务信息自愿披露和强制披露的关键因素。第二，对财务信息披露的管制要求企业定期提供财务报告，财务报告有两种披露形式，一种形式是表内确认，另外一种形式是表外披露，两者有着不同的信息含量。会计准则决定着企业财务信息采用哪种形式对外进行披露。因此，会计准则是决定财务信息披露方式以及财务信息披露形式的重要因素，所以，会计准则的质量对财务信息披露的质量有着至关重要的影响。如何制定高质量的会计准则成为资本市场财务信息披露的核心问题。

什么样的准则是高质量的会计准则呢？美国投资管理协会（Association for Investment Management and Research）认为，高质量的会计准则应当达到以下六项重要的标准：第一，依照准则披露的信息应该对投资者决策有用；第二，依照准则披露的信息必须与投资评价相关；第三，依照准则披露的信息必须反映经济真实；第四，准则必须注重现行成本信息；第五，准则必须披露广泛；第六，准则必须能够减轻人为平滑的痕迹。美国证券交易委员会主席奥索莱维特（Authur Levitt）在 1997 年 9 月的一次演讲中①阐述了制定高质量会计准则的三个原则。一是会计准则要体现经济真实。二是资本市场的全球化要求不仅要提高本国会计准则的质量，更要制定一系列在世界范围内能够普遍接收具有国际可比性的准则。三是高质量的会计准则不可能立即达到，准则的制定必须以适应资本市场的变化为目的，并进行不断地修订和完善。

随着高质量会计准则衡量标准的明晰，不同地区之间会计准则的比较，以及本土会计准则与国际会计准则之间比较的实证性文章层出不穷。德国学者对于德国本土准则和国际会计准则的比较文章较多。万德路和万斯棱（Van Tendeloo and Vanstraelen, 2005）以及达斯克（Daske, 2006）的研究表明，德国本土会计准则在盈余管理以及资本成本方面和国际会计准则相比没有效果上的明显差异。巴图鲁、高德伯格和凯姆（Bartov, Goldberg and Kim, 2005）表明，德国本土准则框架下的盈余数字比国际会计准则框架下的盈余数字更具有价值相关性。柏思、兰斯曼和朗（Barth, Landsman and Lang, 2006）发现相对于本土会计准则，公司采用国际会计准则之后的盈余管理程度明显降低。达斯克（Dask, 2006）的研究发现，采用国际会计准则之后权益资本成本不但没有下降反而增加了。爱思博格和平克斯（Ashbaugh and Pincus, 2001）发现，自愿采用国际会计准则之后，分析师预测误差显著降低。

高质量的会计准则是高质量会计信息质量的保证，2007 年 1 月 1 日，我国开始实施新会计准则，实现了与国际财务报告准则（IFRS）的国际趋同。新准则的实施为会计研究者提供了千载难逢的良机。新准则是否提高了会计信息质量？是否提高了会计信息披露对投资者的有用性？这些问题都有待探讨。

---

① 参见 Levitt. The importance of high quality accounting standards，Accounting Horizon，1998，165 – 89.

2.1.3 财务信息披露的经济后果

从前面的理论分析我们可知，财务信息披露的主要意义在于降低企业内部经理人和外部投资者之间的信息不对称，从而为投资者的投资决策或者是信息中介（比如证券分析师）的预测提供依据，从而提高整个市场的资源配置。其逻辑框架可以用图2-2来表示。

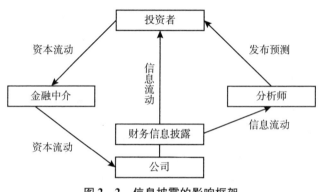

图2-2 信息披露的影响框架

由图2-2可以看出，财务信息披露对市场的影响主要通过影响证券市场中的投资者和证券分析师，从而达到从信息流动到资本流动的转变。一方面，公司的财务信息披露直接影响投资者的决策；另一方面，公司财务信息披露影响财务信息最为专业的使用者——证券分析师的盈余预测和股票推荐，从而间接地影响资本市场投资者的投资决策。近年来，由于财务信息的复杂性和专业性，越来越多的投资者依靠证券分析师的预测和推荐进行投资，证券分析师正在成为财务报告使用的主体。

2.1.3.1 财务信息披露对投资者的影响

资本市场是信息流动的市场，但是这种信息流动并不完全，也不完美，投资者之间存在信息不对称，这种信息不对称的程度会影响投资者的交易行为。处于信息劣势地位的交易者面临的风险更多，对风险的厌恶会促使他们提高卖出股票的价格，降低买入股票的价格，这种价格保护会提高股票的买卖价差，从而降低了股票市场的流动性。财务信息披露是降低信息不对称的主要手段，财务信息披露的充分程度和质量直接决定着企业内部和外部的信息不对称程度。财务信息披露质量较高的公司，信息不对称程度的下降减少了处于信息劣势地位的投资者的数量和他们交易时候面临的风险，因此，减少了劣势信息投资者对价格的保护需求，提高了股票市场的流动性。此外，大量学者的研究表明，高质量的财务信息披露能够提高公司当期股票回报和未来盈余的相关性。由于高质量的财务信息披露有效地向公司外部投资者真实地反映了公司的状况，因此，投资者可以根据披露的财务信息对企业的生产经营状况做出客观的评估，并有利于投资者形成对公司未来盈余的预测，并做出正确的投资决策，使得股票价格与公司未来盈余具有更强的相关性。由此可见，财务信息披露降低了公司内部和公司外部的信息不对称程度，进而影响了投资者的投资决策，提高了股票市场的流动性和资源配置效率。

2.1.3.2　财务信息披露对证券分析师的影响

投资者是资本市场的主体，然而由于资本市场信息不对称、上市公司财务信息解读的专业性要求以及投资者自身时间、精力和知识的限制，投资者并不具有完美的信息搜集和信息分析的能力。为了获得更为真实可靠的会计信息，投资者不得不求助信息解读专家——证券分析师。证券分析师作为资本市场重要的信息媒介，担负着联结私人信息市场和公共信息市场重要的职责。一方面，分析师从公共信息市场采集信息，并进行加工和整理，形成盈余预测或者股票推荐；另一方面，分析师把自己的私人预测或者是股票推荐有偿或者无偿地传递给投资者，成为投资者决策的重要依据。近年来的研究发现，投资者非常重视股票经纪人和分析师的意见，而不重视财务报表。

证券分析师用来进行盈余预测的信息来源有两种，一种是公共信息，另外一种是私人信息。上市公司发布的公开信息，尤其是年度财务报告，是证券分析师盈余预测最重要的信息来源。大量的研究表明，财务信息披露越充分，信息披露质量越高，分析师盈余预测的误差越小，分析师对企业未来盈余的不确定性就越低。由于证券分析师是资本市场的媒介，分析师最终会把自己的盈余预测或者股票推荐传递给部分投资者，因此，财务信息披露就通过分析师间接地影响了投资者的决策。近年来，由于财务信息的复杂性和专业性以及投资者的专业背景参差不齐，投资者未必能够对企业的财务信息披露有正确的理解。证券分析师才是财务报告使用的主体，财务信息披露的服务重心应该从全体投资者转向成熟的投资者和证券分析师身上。广大投资者会通过分析师的信息传递功能而间接受益。

2.2 无形资产信息披露的文献综述

在过去的二十年里，人类社会的生产方式和社会形式发生了巨大的变化。随着科学技术的不断发展，人类社会已经从工业时代进入到信息时代，知识经济的来临使得产品和劳务中物质的比重不断下降，技术和信息的比重不断上升，无形资产在生产函数中的比重日益提高，并成为企业生产最为重要的投入要素。随着无形资产重要作用的日益凸显以及财务信息观的发展，无形资产在企业财务报告中的重要性受到普遍关注。财务报告中披露的无形资产信息与企业当前的盈余以及未来的盈利能力之间有何关联？财务报告中披露的无形资产信息是否具有价值相关性？财务报告中无形资产的表内确认信息对投资者、分析师的决策是否有用？无形资产会计准则是否损害了无形资产信息的有用性？针对这些问题，国内外学者从不同的角度出发对无形资产信息披露进行了研究，并提出了宝贵的建议。

2.2.1 国外研究

无形资产一直是国外会计和财务管理研究领域的热点，大量国外学者从不同角度，采用不同的方法对无形资产信息披露问题进行了广泛的研究。早期的规范性研究主要聚焦于无形资产在财务报表中的确认、计量，以及会计处理是否合理。随着无形资产理论的发展和实证方法的兴起，大量学者对无形资产信息和企业盈余的相关性、无形资产信息的价值相关性，以及无形资产信息对投资者和分析师的有用性进行了实证研究，并取得了丰硕的成果。

国外学者有关无形资产的实证研究主要可以归纳为以下几个方面：
（1）无形资产信息的价值相关性；（2）无形资产会计准则对无形资产信息价值相关性的影响；（3）无形资产信息对证券分析师的影响。其中，
（1）和（2）是从股票价格的角度间接地考察市场投资者对无形资产信息的反应，而（3）则从更为直接的角度考察了资本市场最为专业的报表使用者——证券分析师对财务报告中无形资产信息的反应。从现存的文献来

看，绝大多数的研究聚焦于无形资产信息的价值相关性和无形资产会计准则的评价上；无形资产信息和证券分析师盈余预测虽然是一个新开辟的研究领域，但是已经得到了一些有价值的结论。

2.2.1.1 无形资产的价值相关性研究

正如罗德菲格（1997）中所说，当今社会经济价值和财富不再是由物质要素生产的结果，而是基于无形资产的创造。在这种背景下，无形资产是企业未来财富的源泉，无形资产投资对企业来说显得尤为关键。那么，证券市场是否关注到无形资产对企业价值的影响？证券市场是否对无形资产信息做出恰当的反应？国外的学者从不同的角度出发对这个问题进行了研究。

安博德和列弗（Aboody and Lev，1998）以 1986～1995 年间 168 家软件公司为研究样本，研究了美国软件开发公司的软件开发支出和公司股票回报率之间的关系。他们发现，资本化的软件开发费用和公司股票回报率显著正相关。同时，资本化的软件开发支出也能预测企业未来两年的净利润。这说明无形资产的确认具有价值相关性。

艾默和列弗（Amir and Lev，1996）选取无形资产对企业价值影响较为明显的移动通信行业作为研究对象进行研究，结果发现，企业披露的非财务指标和未确认的无形资产具有价值相关性。传统财务数据本身对公司价值的解释能力较低，但是如果把财务数据与非财务指标以及未确认的无形资产结合起来却能显著地增强财务数据的解释能力。

侬本克和瓦夫德（Kohlbeck and Warfield，2002）的研究表明，如果在剩余收益模型中加入未确认无形资产这一回归因子，模型会有更好的表现。其原因在于企业未经确认的无形资产和未来非正常盈余存在显著的正相关关系。何思琪和万恩得特（Hirschey and Weygandt，1985）发现，托宾 Q 值与研究开发支出强度之间显著正相关。索吉尼斯和雅克鲁（Sougiannis and Yaekura，2001）发现，以 4 年为研究时间段的盈余估值模型的结果存在偏差，其中一个重要原因就是大部分的无形资产没有在资产负债表中确认。瑞特和瓦尔斯（Ritter and Wells，2006）研究了澳大利亚会计准则体系下资产负债表中无形资产数额是否具有价值相关性。结果表明，无形资产的表内确认数额与未来盈余以及股票价格显著正相关。

列弗（1989）、列弗和泽若闻（Zarowin，1999）、列弗和索吉安妮丝（Sougiannis，1996）对企业的研究开发支出进行了研究，发现企业的研究开发支出和企业股价、未来盈利具有显著的正相关关系。汉德、戴姆斯和列弗（Hand, Demers and Lev, 2000）以网络公司为研究对象，研究了网络公司广告成本和公司市值的关系。研究发现，网络公司争取客户产生的成本和公司的市值正相关。黛比、刘和宰克（Darby, Liu and Zucker, 1999）以生物公司为研究对象，用公司员工发布科技论文的数量来衡量生物公司的人力成本，结果发现人力资本与公司未来的市场价值正相关。布朗尼（Bronwyn, 2000）发现，公司获取的专利数与公司市值正相关。詹宁斯、莱克里尔和汤姆森（Jennings, Leclere and Thompson, 2000）研究商誉摊销的价值相关性。他们的研究发现，商誉摊销前的盈余反应系数显著高于摊销后的盈余反应系数，因此，他们得出结论，商誉摊销费用对股价不具有显著的解释能力，因而被认为是噪声信息。

2.2.1.2　无形资产披露准则对价值相关性的影响

通过对无形资产价值相关性的文献回顾，我们可知，无论是在资产负债表中确认的无形资产还是未在资产负债表中确认的无形资产，它们大部分都具有价值相关性。这里就引出了一个问题：既然无形资产的信息与股价密切相关，但是现行的会计准则却出于谨慎性原则只将一小部分无形资产进行资本化处理并在资产负债表中予以列示，其他与企业价值相关的无形资产却不能在报表中予以反映，那么无形资产会计准则是否损害了无形资产信息披露的有效性？一些学者从不同的角度出发，研究了无形资产准则对其价值相关性的影响。

列弗（1989）指出，会计盈余对股价的反应系数正在呈现逐年递减的趋势，这说明会计信息的有用性在逐渐降低。他认为，会计信息价值相关性不断下降的主要原因有两方面。一方面是随着科技时代的到来，企业对无形资产投资的比重不断加大；另一方面是当前的会计体系不能如实地反映企业的无形资源。

列弗和泽若闻（Lev and Zarowin, 1999）进一步研究了美国上市公司会计盈余信息含量的变动趋势，结果发现，无论是盈余反应系数（ERC）还是会计盈余对股票回报的解释能力（Adjust R^2）都呈逐年恶化的趋势。另外，研究开发支出增速较快的公司相对于研究开发支出稳定的公司，ERC 和 Adjust R^2 下降的幅度更大。他们把出现这种结果的原因归结于现行的会计体系无法对创新，以及不断增多的无形资产投资做出充分的调整和反应，即无形资产准则不能充分地反映无形资产的信息，进而损害了会计盈余的信息含量。

列弗和索吉尼斯（Lev and Sougiannis，1996）进一步研究了研究开发支出的价值相关性问题，他们对现行准则下的研究开发支出费用化的做法做出了逆向调整，即首先把企业的研发开发支出从费用中转回，调整企业净利，然后将研究开发支出计入无形资产（即实现研究开发支出的资本化）中，并根据估算的收益期限进行摊销。他们认为，这种估计和调整在统计上是可靠的也是具有经济含义的。研究发现，调整后的会计盈余的价值相关性显著增强，这就说明研究开发支出的资本化处理提高了无形资产的价值相关性，从而增加了盈余的信息含量。

艾布迪和列弗（Aboody and Lev，1998）研究了 FASB 制定的软件开发支出会计处理的 86 号准则（accounting for costs of computer software to be sold，leased，or otherwise marketed）对无形资产价值相关性的影响。研究发现，资本化的开发支出能够反映当期的股价、市场回报率，同时也能预测未来两年的运营利润以及净利润。这说明研究开发支出的资本化会计处理具有信息含量和价值相关性，并且资本化的研发支出和费用化的研发支出相比具有更多的信息含量和更强的价值相关性。

瑞特和瓦尔斯（Ritter and Wells，2006）以澳大利亚自愿披露和确认无形资产的会计准则为背景，发现自愿确认和披露的无形资产信息与股价以及企业未来盈利的关系呈显著正相关的关系。

奈福斯法拉（Knivsfla，1999）认为，信息相关性和信息可靠性是财务信息披露的两大基本原则。财务报表的首要目标是向报表使用者提供有用的信息。现行会计准则将无形资产投资支出费用化而非资本化的做法不仅低估了企业的资产，而且也低估了企业的利润，这种做法严重地损害了财务报表的价值相关性，同时也违背了可靠性原则。这种做法产生的问题将随着无形资产重要性的凸显而日益严重。

以上的研究表明，现行的无形资产准则不能充分反映企业无形资产的真实状况，因而损害了财务报表的价值相关性，大量学者呼吁准则制定方放宽对无形资产在资产负债表内的确认门槛，提高企业无形资产资本化的程度。然而，准则制定方却有着另外一方面的顾虑。准则制定方认为，如果无形资产资本化的条件一旦被放宽，企业会利用宽松的管制来虚报无形资产，从而达到利润操纵的目的。是否放宽无形资产确认门槛的核心问题在于如果放宽了无形资产确认管制，使得企业管理人员有一定的会计政策选择权去决定是否资本化无形资产，公司管理者是在进行会计政策选择的时候，会做出怎样的决定呢？什么样的因素是管理人员决定确认无形资产的第一要素呢？瓦特（Wyatt，2005）以澳大利亚无形资产准则为框架[①]，研究了管理人员在有权做出会计选择来决定是否在资产负债表中确认无形资产的机制下，影响管理人员做出无形资产确认决策的因素以及哪种因素是经理人考虑的首要因素。研究发现，尽管契约动机和信号动机都是经理人确认无形资产的重要理由，但是影响经理人做出确认选择的首要因素却是企业无形资产本身的基本条件，这些条件包括：技术的强度、技术周期的时间和专利权相关的因素等。由此，瓦特（2005）得出这样的结论，适当的放松无形资产资本化管制，让企业管理者有一定的会计选择权利，不会减少，反而会增加无形资产的价值相关性以及盈余的信息含量。

2.2.1.3　无形资产信息与证券分析师盈余预测

前面的文献综述是从无形资产信息与企业未来盈余、股票的价格，以及股票回报率具有相关性的角度来揭示无形资产信息对投资者来说具有信息含量。这种设计的理论基础在于，股票价格反映了投资者对公司未来盈利的预期。股票价格的变动是投资者投资信念变动的标识。然而，这种方式始终是从间接而非直接的角度来检验无形资产信息对投资者的有用性。有一种更为直接的方式就是研究资本市场的报表使用者——证券分析师对无形资产信息的反应。总体来说，这方面的研究是一个新的研究方向[②]，但是这些研究却提供了一个更为直接的视角来研究无形资产信息对报表使用者的有用性，即证券分析师对公司无形资产信息会有怎样的反应。

艾默、列弗和索吉尼斯（Amir, Lev and Sougiannis, 1999）研究了财务分析师的盈余预测信息是否能够为投资者提供增量信息（incremental information）。他们的研究发现，分析师预测能给投资者提供信息增量，并且这种信息增量对于高科技公司来说最大（达36%），对低科技公司的信息增量稍小（28%），对管制企业的信息增量最小（只有2.4%）。这说明在财务报表信息含量越低的时候，分析师盈余预测给投资者提供的信息增

---

① 澳大利亚于2005年1月1日实施国际会计准则（IFRS），在此之前，澳大利亚无形资产准则并没有强制规定无形资产研究开发支出或者自创的无形资产是确认为费用还是确认为资产，而是由公司经理人根据自身企业状况以及无形资产研究开发的阶段自行决定是否把研究开发支出等支出确认无形资产。这种做法实际上给了公司管理者很大的空间，让他们可以做出会计选择。

② 这可能和证券分析师盈余预测数据的可获取性比股价数据更难获取有关。

量越多，对投资者的贡献越大。此外，证券分析师盈余预测对投资者的贡献对于研发支出高的公司比研发支出低的公司来说更大。

柏思、卡斯尼克和麦克尼克斯（Barth，Kasznik and Mcnichols，2001）研究了分析师跟随和企业资产负债表中确认的无形资产数额的关系。他们发现，由于当前会计准则的限制，大部分无形资产没有在财务报表中被确认，因此在没有分析师跟随的情况下，潜在无形资产较大的公司财务信息含量较低。他们的研究表明，一方面，由于无形资产信息披露不能反映企业无形资产的真实情况，分析师可以通过对这些企业的分析获取套利的机会，因此分析师有较大的动机去跟踪这些企业；另一方面，分析师对具有较多的未确认无形资产的企业进行分析需要倾注更大努力和花费更高的成本。因此，分析师是否选择跟随具有大量无形资产的企业取决于他们在预测成本和预测效益之间的权衡。

拜伦等（Barron et al.，2002）、戴姆斯（Demers，2002）研究了证券分析师预测的一致性程度和企业无形资产的关系。他们发现，证券分析师预测的一致程度（用多个分析师预测的相关程度来度量）和企业确认的无形资产数量呈负相关的关系，这种负相关程度对于具有大量无形资产投资并且将之费用化的公司更加显著。他们把出现这种状况的原因归结于由于会计准则的规定，具有大量无形资产投资的公司把研究开发支出进行费用化处理，这导致分析师不能正确评估企业无形资产以及盈利能力，分析师不确定性的增强导致了分析师预测分歧程度的增大。

谷和王（Gu and Wang，2005）研究了分析师盈余预测和公司技术类无形资产、商标，以及资产负债表中确认的无形资产总额的关系。他们发现，无形资产信息的复杂性增加了分析师吸收和处理信息的难度，相对于无形资产密度小的公司，分析师对于无形资产密度大的公司进行预测面临更大的不确定性并且需要花费更多的努力，因此，导致了分析师的盈余预测有更大误差。

马特克斯和瓦特（Matolcsy and Wyatt，2006）利用2005年之前澳大利亚允许企业自愿披露和确认无形资产的会计准则为背景，研究了财务报表中确认的无形资产和分析师盈余预测的关系。他们发现，无形资产资本化程度越高的企业有着更多的分析师跟随、更准确的分析师盈余预测，以及更小的分析师预测分歧。他们的结论表明，无形资产的资本化处理为分析师预测提供了更为确定的信息。

2.2.2 国内研究

随着改革开放的深入，经济的发展，我国正在完成从工业大国向科技大国的转变。在国际竞争日益激烈的环境下，技术和经济是我国企业是否能在国际舞台上胜出的关键。以技术、权利以及知识形态存在的无形资产在我国生产发展中变得越来越重要。跟随国外无形资产的研究潮流，国内学者从我国实际国情出发，对无形资产进行了大量的研究。对我国无形资产的研究主要包括以下几个方面：无形资产信息披露情况、无形资产对企业业绩的影响以及无形资产的价值相关性、无形资产准则评价、无形资产与证券分析师盈余预测等。

2.2.2.1 无形资产的信息披露状况

崔斌（2003）、田象国和刘金文（2003）认为，我国上市公司无形资产信息披露质量不高，范围比较狭窄、披露的形式不完善、无形资产的确认、计量过分地强调了可靠性而忽视了相关性，从而导致无形资产信息披露的有效性大大降低。薛云奎、王志台（2001b）以 1995～1999 年上海证券交易所上市的股票作为研究对象，指出了我国上市公司无形资产"含金量"低、名称类别不规范和认定混乱等问题，并发现我国上市公司缺乏自愿披露研发支出（research and development，R&D）信息的动机，几乎没有一家上市公司披露了 R&D 的状况。彭艳萍和张炳发（2004）以在上海证券交易所上市的信息类、电子类共 58 家上市公司作为研究对象，考察了沪市无形资产的披露情况。他们的研究得出我国上市公司无形资产总体水平较低，信息披露存在较多漏洞的结论，他们把出现这种状况的原因归结为上市公司信息披露制度方面约束薄弱以及上市公司自身的观念淡薄。肖文辉（2009）对我国上市公司全行业无形资产的信息披露以及特殊行业无形资产的信息披露做出了统计分析，统计的结果表明，我国上市公司无形资产信息披露范围比较狭窄、披露的形式不完善、披露的信息有用性较差。

2.2.2.2 无形资产对企业业绩的影响及无形资产的价值相关性

薛云奎、王志台（2001b）对无形资产的价值相关性进行了研究，他们的研究发现，和固定资产相比，无形资产对企业主营业务利润的正面作用持续期更长，并且无形资产具体构成信息具有信息含量，市场对披露无形资产具体构成的公司做出了正向的价格反应，对没有披露无形资产具体构成的公司却没有做出价格反应。

王化成、卢闯和李春玲（2004）以 1998～2002 年沪、深两市的上市公司为样本，研究了企业无形资产与未来业绩的相关性。研究发现：第一，无形资产存量对企业未来业绩存量有着显著的正向关系；第二，当年新投入的无形资产将会在 1 年或 2 年后对业绩产生正向的贡献；第三，无形资产表内确认信息与股价显著相关，即无形资产信息具有价值相关性。

邵红霞、方军雄（2006）根据上市公司披露的无形资产明细信息，研究了不同类型的无形资产对企业会计盈余质量和会计信息价值相关性的影响。结果发现，高新技术行业和非高新技术行业无形资产价值相关性有显著的不同，市场对不同行业不同类型的无形资产做出了不同的反应。

2.2.2.3 有关 R&D 的研究

薛云奎、王志台（2001b）以我国 1999 年 1 月 1 日之前在上海证券交易所发行 A 股的所有上市公司为样本研究了研发费用（R&D）的信息披露对我国上市公司会计信息有用性的影响。他们通过间接的证据推测我国上市公司会计信息的有用性逐年恶化的趋势和研发支出不被确认和披露有关。尽管多数学者对企业研发费用资本化的建议持肯定态度，但是也有部分学者认为，研发费用的条件资本化会给企业管理者留下盈余操纵的空间，从而破坏会计信息的可靠性。宗文龙、王睿、杨艳俊（2009）的研究发现，企业的研发支出资本化主要受到债务契约的影响，财务杠杆越高，企业的资本化程度越高，并且企业存在利用研发支出资本化的政策进行扭亏的行为。

2.2.2.4 无形资产与证券分析师

目前国内关于无形资产和分析师的研究只有一篇。邵红霞和方军雄（2006）采用问卷调查的方式对 70 名证券分析师进行了咨询，咨询的内容主要有无形资产对企业价值的重要性、无形资产会计信息的有用性，以及证券分析师对无形资产会计准则的评价和建议。他们的调查结果表明，在 70 位被调查的分析师中，只有 28.99% 的证券分析师在分析企业财务报告的时候会考虑企业无形资产的因素；有 52.86% 的分析师认为在现行准则下，企业无形资产价值被明显的低估，上市公司年报提供的无形资产信息有用性不足；79.71%的分析师认为需要扩大无形资产确认范围和增加无形资产确认种类；60%的证券分析师赞成对于研发支出进行有条件资本化处理。

2.2.2.5　无形资产新旧准则评价

近年来，我国学者从准则评价的视角对我国无形资产准则进行了研究，这些研究集中体现在我国2006年颁布无形资产新准则与2002年颁布的无形资产旧准则之间的比较研究。梁俊平、唐纯（2003）认为，我国2002年颁布的无形资产旧准则中有关研发支出全部费用化的做法存在缺陷。王广庆（2004）指出，目前我国无形资产准则存在的主要问题包括：第一，无形资产的确认范围过于狭窄；第二，企业自行研究开发的无形资产开发支出不能资本化，会使企业资产的账面价值与实际相背离，而且会对当期利润产生较大影响；第三，无形资产的摊销方法存在缺陷；第四，无形资产信息披露不充分。这些不足势必会使信息使用者对企业的财务状况和营利能力无法做出正确的判断。

对于财政部2006年颁布的无形资产新准则，殷枫（2006）研究了新准则对研发费用有条件资本化的规定，并认为这一规定将会改善高新技术企业的经营成果。同时，这些企业的资产结构也会发生变化，无形资产价值的不断增加有利于增强这些企业的市场竞争力。多数学者在对上述规定给予肯定的同时，也提出了一些担忧：无形资产资本化条件弹性的增大将给企业留下利润操纵的空间（王合喜、罗鹏，2006）。

综上所述，国内有关无形资产信息披露的实证性研究仍然比较匮乏。尽管一些学者的研究已经证实了无形资产具有价值相关性，但是对于无形资产信息披露是否影响报表使用者（比如分析师）的决策、无形资产信息披露准则是否损害了无形资产信息对报表使用者的有用性，以及我国在国际趋同背景下颁布的无形资产新准则是否提高了财务报表中的无形资产确认信息对报表使用者的信息含量等问题，至今仍然缺乏实证上的证据，这也正是本书研究的动机之一。

2.3　证券分析师盈余预测的文献综述

分析师是资本市场最重要的信息中介，是联结上市公司和投资者之间的纽带。分析师的盈余预测对管理层，投资者以及公共信息市场的效率都具有重要的影响，鉴于证券分析师在资本市场中的重要作用，国内外的大量学者从不同角度出发对有关分析师盈余预测的各种相关问题进行了广泛研究。

2.3.1 国外研究

国外的资本市场经过上百年的发展，证券分析师作为一个行业已经相当成熟，有关证券分析师的话题已经成为实务界和理论界共同关注的热点。国外学者对证券分析师预测的研究主要包括：证券分析师绩效评估研究、证券分析师盈余预测研究、证券分析师羊群行为研究、证券分析师推荐行为研究等。根据研究需要，本书只对有关证券分析师盈余预测的文献按照以下两个方向进行总结：（1）证券分析师盈余预测对资本市场的影响；（2）影响证券分析师盈余预测的主要因素。

2.3.1.1 证券分析师盈余预测对资本市场的影响

投资者是资本市场的主体，然而由于资本市场信息不对称、上市公司财务信息解读的专业性要求以及投资者自身时间、精力和知识的限制，投资者并不具有完美的信息搜集和信息分析的能力。为了获得更为真实可靠的会计信息，投资者不得不求助信息解读专家——证券分析师。贝克和汉斯莱姆（Baker and Haslem，1973）的研究发现，投资者非常重视股票经纪人和分析师的意见，而不重视财务报表。那么，证券分析师是否比投资者具有更强的信息搜集和信息分析的能力呢？埃第吉等（Ettredge et al.，1995）的研究发现，分析师不但可以更专业地分析资本市场中流动的公开信息，而且还能利用其获得的私人信息来进行盈余预测。埃第吉等 2003 年发现，分析师能比投资者更好地分析上市公司发布的财务报表。莱姆莱斯等（Ramnath et al.，2008）指出，相对于普通投资者，分析师能对资本市场的新信息做出更为及时的反应。

正是由于证券分析师对公共信息的分析优势（宏观经济分析、行业分析以及公司分析）以及其私人信息渠道的资源优势（利用与公司管理层的密切关系获得未公开的或者半公开的信息），资本市场对分析师的盈余预测以及盈余预测修正有着强烈的反应（Francis and Soffer，1997），证券分析师的盈余预测具有信息含量。证券分析师的盈余预测使得一些信息从私有状态转化为市场公开状态，最终降低了公司内部管理层和外部投资者之间的信息不对称程度，优化了资本市场资源配置（Schultz and Zirman，2001）。

同时，分析师盈余预测的非理性也能给资本市场带来不利的影响。富勒和詹森（Fuller and Jensen，2001）认为，分析师对公司盈余过度乐观的预测对公司管理层造成一定的压力，这种压力将迫使经理人采取危险的战略和投资行为，从而给公司的经营造成极大的风险。米勒（Miller，2002）指出，美国商业媒介和证券监管部门都一致认为美国 20 世纪的互联网泡沫的产生和分析师过于乐观的盈余预测有着一定程度的关联。正是由于分析师过于乐观的预测误导了投资者，从而造成了互联网泡沫的堆积。

由此可见，证券分析师盈余预测是资本市场有效定价的重要力量，其发布的信息对证券市场的价格以及投资者行为都有着较大的影响，并最终影响了资本市场的资源配置。

2.3.1.2 影响证券分析师盈余预测的因素

由于证券分析师盈余预测的准确程度对投资者决策行为和资本市场的资源配置效率有着重要的影响，大量学者把关注的焦点转移到影响分析师盈余预测的因素上来，即什么样的因素会影响分析师盈余预测的准确程度以及多个分析师之间预测的分歧？总体来说，这些因素可以分为四个方面：（1）分析师自身技能、情感和动机因素；（2）财务信息质量因素；（3）公司因素和行业因素；（4）宏观环境和会计准则因素。下面将分别予以介绍。

第一，分析师自身技能、情感以及动机对证券分析师盈余预测的影响。

加西亚等（Garcia - Meca et al.，2006）、克莱门特（Clement，1999）认为，证券分析师的预测经验和预测准确性正相关，即证券分析师的预测经验越多，分析师盈余预测的准确程度越大。宏等（Hong et al.，2000a）发现，证券分析师盈余预测的准确程度与他们自身迁升的可能性密切相关，并且这种相关性对于新入行的分析师更加明显。

戴维等（David et al.，2004）研究了分析师的心理因素和情感因素对其盈余预测的影响。他们发现，证券分析师对公司的盈余预测和推荐存在着乐观倾向，他们通常对资本市场上的好消息反应过度，但是对坏消息却反应不足。

杰克布等（Jacob et al.，1999）的研究发现，证券分析师盈余预测的准确程度与分析师所在证券公司的规模正相关，其原因在于，规模大的证券公司有更多可利用的私人资源，并且能吸引业内经验最丰富的分析师。达格和南森（Dugar and Nathan，1995）、汉腾和马克文（Hunton and Mcwen，1997）、琳和迈克尼古拉斯（Lin and McNichols，1998）发现，由于证券公司和被预测公司通常存在承销关系，分析师对于有承销关系的公司，更容易做出过于乐观的预测。

宏等（2000a）的研究发现，有自信的分析师更有可能发布与众不同的预测。分析师对自己的预测没有自信的时候，更有可能去选择羊群行为。克莱门特（1999）发现，分析师跟随的公司数量越多，预测的准确度越低；只关注特定公司或行业的分析师能做出更为准确的盈余预测。

第二，财务信息质量对证券分析师盈余预测的影响。

证券分析师用来进行盈余预测的信息来源有两种，一种是公共信息，另一种是私人信息（Barron，Kim，Lim and Stevens，1998）。上市公司发布的公开信息，尤其是年报，是分析师盈余预测最重要的信息来源（Schipper，1991）。公司财务报告信息质量对分析师的盈余预测有着怎么样的影响？大量的学者针对于此进行了以下几个不同角度的研究：

（1）证券分析师对财务报告的依赖。早在20世纪70年代，证券分析师的信息来源问题就引起了不少学者的关注。拜斯佰（Buzby，1974）通过发送电子邮件的方式，对证券分析师的信息来源问题进行了问卷调查。他们发现公司年报是证券分析师认为最重要的信息来源，其中会计方法的变更、资本支出、销售收入、存货计价方式、每股收益等信息是他们关注的重点。钱德勒（Chandra，1974）和本杰明和斯丹哥（Benjamin and Stanga，1977）的问卷调查也得出了类似的结论。他们发现，公司年报对证券分析师来说非常重要，在公司年报中，损益表是分析师最为关注的部分，其他重要的信息依次是：资产负债表、财务状况变动表、会计政策、产品销售收入表、报表脚注或附注等。高皓盛和穆尔（Ghosh and Moon，2005）发现，证券分析师对上市公司公开发布信息的依赖程度和审计任期正相关，审计任期越长，公司信息的可信性越高，证券分析师对公司发布的信息越为重视。

（2）财务信息质量对证券分析师跟随人数的影响。证券分析师并不是对所有的公司都进行盈余预测，他们选择行业中的一些公司来分析，然后对这些公司做出盈余预测。既然公司公开披露的财务信息是分析师进行预测的最重要的信息来源，那么财务信息的质量差异对分析师跟进必然存在着一定的联系。

郎和兰德姆（Lang and Lundholm，1996）研究了公司披露透明度和分析师跟进人数之间的关系。他们用 FAF 评级①来衡量上市公司信息披露的透明度，FAF 评级越高，上市公司信息披露透明度越高。他们发现，分析师跟随人数和公开信息披露的透明度正相关，即分析师更倾向于对信息披露透明度高的公司进行预测。于米亚（Minna Yu，2007）用 T&D 指标②来衡量公司信息披露透明度，他们得出的结论与郎和兰德姆（1996）一致，再次证明了分析师偏好透明度好的公司。

然而，海利、汉盾和帕莱布（Healy，Hutton and Palepu，1999）的研究则得出与郎和兰德红姆（1996）相反的结论。他们发现，财务信息披露质量与证券分析师人数呈负相关关系，即公司财务信息披露的质量越高，对该公司进行盈余预测的证券分析师人数越少。他们把出现这种情况的原因归结为，由于公司财务信息披露质量的提高，使得投资者即使不购买分析师的预测，也能够充分地了解公司的财务状况，因此，对证券分析师的服务需求减少。

布什曼（Bhushan，1989）通过建立数学模型来模拟分析师的跟随行为。布什曼认为，分析师要对跟随某家上市公司所要花费的信息搜集成本与对这家公司进行盈余预测所可能获得的收益进行权衡。此外，根据均衡理论，分析师预测服务的供给和分析师预测服务的需求会达到均衡，分析师的数量最终由分析师预测供给曲线和分析师预测需求曲线的交点来决定。当公司披露的财务信息质量较低时，分析师对该公司进行跟随的信息搜集成本增加，分析师供给的成本增加；与此同时，正是因为公司披露的财务信息质量不高，公司内部和外部的信息不对称程度越大，公司的价值越容易被市场低估，分析师可以通过对这样的公司进行预测而获利。因此，布什曼（1989）得出分析师预测人数虽然受到公司财务信息质量的影响，但是与公司财务信息披露并无显著的正向或者负向关系。

海利和帕莱布（Healy and Palepu，2001）对以往的文献进行了总结，他们指出，公司财务信息质量和证券分析师预测人数之间的关系在以往的文献中并没有得到一致性的结论。其原因在于，增加上市公司财务信息的

---

① FAF 评级由是行业内部的分析师根据上市公司年报、季报披露的信息、投资者关系等内容，对上市公司的信息披露透明度进行综合评价。FAF 评级越高，上市公司的信息披露透明度越高。

② T&D（transparency and disclosure rankings）指标是由 S&P 公司编制，主要以公司信息披露的数量为测度，来计算世界各地多家公司的信息披露得分。

披露一方面能使分析师花费更低的信息搜集成本向投资者提供更有价值的决策信息；另一方面公司信息披露质量的提高，也会使得投资者即使不购买分析师的预测也能了解公司真实的财务状况，从而对分析师盈余预测的需求下降。

艾莱尼和卡若曼诺（Irani and Karamanou，2003）研究了美国证券交易委员会（SEC）在2000年颁布了《公平披露会计信息制度》（regulation fair disclosure）对分析师的影响，研究表明，该会计制度的实施增加了上市公司信息披露的数量和质量，但是分析师预测的人数却比该制度实施之前显著地减少了。艾莱尼和卡若曼诺（2003）的结论证实了海利和帕莱布（2001）的结论。

布莱森和帕戈可（Branson and Pagach，2005）考察了分析师预测跟随人数与公司盈利持续性、盈利可预测性之间的关系，他们发现，证券分析师预测人数与盈利持续性显著正相关，与盈利可预测性负相关。帕热莱斯等（Previts，1994）发现，分析师更喜欢跟随具有平滑盈余的公司。

柏思、卡斯尼克和迈克尼古拉斯（Barth，Kasznik and McNichols，2001）发现，分析师倾向于跟随研究开发支出和广告费用较多的公司，其原因在于，现行的会计准则把企业研究开发费用全部资本化的做法，降低了企业财务信息披露的相关性，使得公司内部和企业外部投资者的信息不对称程度增大，这种局势给了分析师对无形资产含量高的公司进行跟随，并且通过挖掘被低估公司的价值而获利的机会，因此分析师跟随人数增多。

（3）财务信息质量对证券分析师盈余预测准确程度的影响。既然财务信息披露是证券分析师盈余预测最重要的信息依据之一，那么公司财务信息披露必然会影响证券分析师盈余预测的准确程度布朗、海格曼、格瑞夫和吉米翟思可（Brown，Hagerman，Griffin and Zmijewski，1987）通过数学模型分析得出如下结论，分析师盈余预测和公司披露信息质量负相关，即公司信息披露质量越高，分析师盈余预测越准确。兰德姆（Lundholm，1991）、吉姆和委瑞起亚（Kim and Verrecchia，1994）、吉姆和委瑞起亚（1997）的研究也都表明了高质量的财务披露信息降低了分析师搜集信息和整理信息的难度，节省了大量的时间和精力，从而有助于分析师为投资者提高更加准确的盈余预测。博雅德和邵（Byard and Shaw，2003）的研究表明，信息披露质量的提高不仅显著改善了分析师获取的公共信息的精度，而且也显著提高了分析师获取私人信息的精度，因此，高质量的财务信息披露使得证券分析师盈余预测的总体精度得到提高。

朗和兰德姆（1996）针对美国市场的研究发现，上市公司整体信息披露质量越高，证券分析师盈余预测的准确性越好。拜伦、凯尔和卡费（Barron，Kile and O'Keefe，1999）的研究也发现，上市公司年报中"管理层讨论与分析"部分的披露质量与分析师盈余预测的准确性呈正相关关系。博文、达维斯和马斯索图（Bowen，Davis and Matsumoto，2002）检验了上市公司召开与盈利相关的新闻发布会是否会使证券分析师从中获得有用的信息。结果发现，上市公司召开的新闻发布会能够显著提高分析师盈余预测的准确性。可罗斯、鞡和克莱艾德（Kross，Ro and Schroeder，1990）利用华尔街日报指数（Wall Street Journal Index）作为上市公司信息披露的衡量，检验了证券分析师盈余预测的准确性是否会随着公开信息披露的增加而提高，结果表明两者呈正相关关系。

拜伦等（2002）、戴莫斯（Demers，2002）的研究表明，证券分析师对拥有大量未确认的无形资产企业的盈余预测有着较大的误差。马斯克西和瓦特（Matolcsy and Wyatt，2006）研究了公司财务报表中确认的无形资产的数量和分析师盈余预测的关系。他们的研究发现，公司无形资产在报表中被确认的程度和分析师盈余预测的准确程度正相关。他们解释出现这种结果的原因在于，无形资产由于会计准确的限制并不能完全在资产负债表中确认，无形资产表内确认的比例越高，公司财务报表反映企业无形资产真实状况的可能性就越大，分析师就越有可能掌握企业的真实状况，从而导致证券分析师盈余预测误差下降，分析师盈余预测的准确程度得以提高。

（4）财务信息质量对证券分析师盈余预测分散程度的影响。分析师盈余预测的分散程度是指分析师之间的预测分歧，分析师盈余预测的分散程度通常被作为分析师群体对公司未来盈余不确定的代理变量（Barron and Stuerke，1998）。

布朗（1987）发现，分析师预测之间的分歧取决于其拥有的公共信息和私人信息的相对质量，在信息质量一样的情况下，公共信息质量越好，一个公司披露的信息质量越高就会吸引更多的分析师跟随，分析师之间的预测分析越小，分析师预测的准确性越高。当公共信息的质量降低，私人信息成为分析师主要依靠的资源。由于分析师之间掌握特有的私人信息的差异较大，确定性较低，因此，导致了分析师之间盈余预测的分歧增大。

郎和兰德姆（1996）发现，分析师盈余预测的分歧程度和年报的信息披露质量呈反比关系。即年报信息质量越高，分析师之间盈余预测的分歧就越小。拜伦和卡费（Barron Kile and O'Keefe，1999）发现，随着上市公司财务信息披露质量的提高，分析师盈余预测的准确程度提高，分析师盈余预测的分散程度也随之降低。

拜伦、吉姆和史蒂文等（Barron，Kim，Lim and Stevens，1998）用数据模型表明，分析师群体的不确定性和分析师意见的集中程度可以用分析师盈余预测误差的均值、分析师预测分歧程度来衡量。巴贝尔、拜伦和斯都博（Bamber，Barron and Stober，1997）指出，拜伦（1995）提出的分析师之间的观念混杂（belief jumbling）、分析师在盈余公告之前的预测分歧（prior forecast dispersion），以及分析师预测分歧的变化（changes in forecast dispersion）是导致盈余公告前后交易量变动的重要原因。分析师的预测分歧通常会在财务信息披露之后增大。

拜伦、白亚德、凯尔和瑞得（Barron，Byard，Kile and Riedl，2002a）发现，分析师盈余预测一致性程度和公司的潜在无形资产的水平负相关。这表明在公共信息披露质量较低的时候，分析师更加依靠自身获取的私人信息，分析师所掌握的私人信息差异导致了分析师盈余的分歧程度增大。马斯克西和瓦特（Matolcsy and Wyatt，2006）研究了公司财务报表中无形资产的确认程度和分析师盈余预测的关系。他们的研究发现，公司无形资产资本化的比例和证券分析师盈余预测的分散程度负相关。

（5）财务信息的复杂程度对证券分析师盈余预测的影响。企业的财务信息是否能够被理解取决于两个因素：信息使用者的理解力和信息本身的清晰程度。分析师是资本市场内最为专业的信息解读者，这种最优的解读能力和分析能力可以被视为常量，短期之内不会出现大的变动。那么企业披露的财务信息本身的清晰程度对分析师盈余预测来说就变得异常关键。

大量的研究发现，由于财务信息过于复杂，分析师不能有效运用全部所获取的信息（Bernar and Tomas，1990；Abarbanell et al.，1991）。分析师的判断会受到会计方法选择、财务报表项目分类，以及这些项目是表内确认还是表外披露等因素的影响（Hopkins et al.，2000；Hopkin，1996；Hirst et al.，2004）。

赫斯特和赫柏林（Hirst and Hopkins，1998）指出，分析师在分析企业的财务报告的时候，有"避繁就简"的倾向，对于过于复杂或者没有信息含量的信息，分析师会主动选择忽视这类信息。陈和斯得拜克（Chen and Schoderbek，2000）的研究发现，在 1933 年税法变更的案例中，公司所得税率发生变化，分析师在进行盈余预测的时候，并没有对这一税率的变动进行预测修正。陈和斯得拜克（2000）提出现象并进行了解释。他们认为，分析师之所以没有进行预测更正，是因为税率调整导致递延税项信息过于复杂。这些证据都表明，财务信息的复杂程度越大，分析师就越有可能降低使用这条信息的频率，从而导致分析师盈余预测的准确程度下降。泊拉姆利（Plumlee, 2003）对以上问题提供了最为直接性的检验，她发现，预测的误差确实与税法变更的复杂程度有关。

皓等（Haw et al., 1994）发现，由于合并企业财务信息的复杂性，分析师对于此类企业盈余预测的准确程度在并购之后会下降，但是这种下降只是暂时的，分析师的预测精确度在四年内会返回原来的水平。

芮查森和斯沃格（Richardson and Schwager, 1987）的研究表明，财务报告信息的复杂性会影响分析师预测的准确程度。杜若和瑞比（Duru and Reeb, 2002）发现，随着信息复杂性的上升，分析师盈余预测的准确程度下降。

第三，公司因素和行业因素对证券分析师盈余预测的影响。

（1）公司规模。杜文（Dowen, 1989）的研究发现，公司的规模与分析师预测误差存在正相关的关系，即公司规模越大，分析师预测误差越小。杜文把这种原因归结于大的公司往往具有更多信息披露的渠道，分析师可获得的信息越多。布朗（1997）、克鲁斯等（Kross et al., 1990）的研究也证实了公司规模和分析师盈余预测准确程度正相关。

（2）公司盈余的可预测性。达斯等（Das et al., 1998）、伊姆斯和葛莱瓦（Eames and Glover, 2003）认为，公司盈余的可预测性越好，证券分析师盈余预测的准确性越高。如果公司的利润中非经营性利润的比重较大，那么这种盈余的持续性越差，公司未来的盈余具有更大的不确定性，分析师预测的准确程度越低。

（3）盈余变动性。克鲁斯等（Kross et al., 1990）的研究表明，盈余的变动性越高，分析师努力收集公司信息的动机就越大，盈余预测的准确性就越高。马特克斯和瓦特（Matolcsy and Wyatt, 2006）的研究发现公司经营不确定性越高，分析师盈余预测的准确程度越低，盈余预测的分散性也越大。他们遵循阿福德和博格（Alford and Berger, 1999）、戴姆斯（Demers, 2002）的方法，用经营现金流入和负债比、公司规模、公司股价的变动性、公司上市时间、公司盈余的滚动标准差、公司是否亏损、公司杠杆水平、公司股票回报率的方差、公司股价和上一年股价的变动比率来衡量公司的总体的经营不确定性。

（4）行业因素。在关于分析师预测准确度的研究中，行业常被纳入考虑的影响因素之列。显然，稳定行业中公司的盈余相对比较容易预测，而变动因素较多的行业则增加了分析师预测的难度。卡不斯戴夫等（Capstaff et al.，2001）发现，相对于交通及消费耐用品行业，分析师对公共事业及医疗卫生单位的预测更准确。派茨（Patz，1989）的研究表明，分析师对大型重工业的盈余预测比对消费品行业的盈余预测更加困难。欧布仁和卜思山（O'Brien and Bhushan，1999）的研究发现，行业成长性与分析师跟进存在显著的相关关系。他们以行业过去 5 年内公司数目的增长率作为行业的成长性指标，发现一个行业越具成长性，该行业的信息相对更容易获得，分析师更倾向于对这些行业的公司进行预测。

（5）亏损因素。杜文（1996）认为，与盈利公司相比，对亏损公司的盈利预测难度和风险更大，进而预测的误差也较大。黄等（Hwang et al.，1996）、安等（Ang et al.，2001）的研究也证实了这一结论。戴纽等（Daniel et al.，1998）发现，盈利的潜在变化影响分析师的预期，当公司收益下滑时，分析师往往表现的过于乐观。

（6）上市时间长短因素。阿尔布莱特等（Albrecht et al.，1977）的研究表明，上市公司的时间长短会影响盈余预测的准确性，新上市的公司为了同分析师建立联系和引起机构投资者的注意，会更愿意主动提高一些私有信息。

第四，会计准则因素对证券分析师盈余预测的影响。

公司披露的财务信息质量是证券分析师盈余预测的重要影响因素，而高质量的财务信息与会计准则的制定密切相关，因此，西方学者从国别角度和准则变更角度研究了不同会计准则对证券分析师盈余预测的影响。

（1）披露规则的变更对证券分析师盈余预测的影响。布莱利等（2003）发现，分析师之间的预测分歧在《公平披露信息条例》[①]（Regulation of Fair Disclosure）执行之后开始增大，这表明《公平披露信息条例》增加了公共信息的供给量，但是同时也对证券分析师提出了更专业的要求。博格和韩（Berger and Han，2003）发现，在 SFAS 131 规定[②]实施之后，分

[①] 2000 年 8 月 10 日，美国证券与交易委员会（SEC）通过了《公平披露条例》旨是要求各发行人向全社会公开披露具有实质意义的信息，而不是像过去那样进行选择性的披露。

[②] SFAS 131 规定，公司按照企业内部管理方式而不是按产业、地理和主要客户来确认披露信息。

析师对有多种经营的公司的盈余预测比对单一经营的公司的盈余预测更准确，这说明规定的变化提高了证券分析师预测的能力。海富林等（Heflin et al.，2003）的研究表明在《公平披露信息条例》执行之后，无论是证券分析师盈余预测的准确程度还是证券分析师盈余预测的分散程度都没有发生显著改变，这说明新的规定并没有损害投资者在盈余公告之前可获得的信息。艾伦哇瑞普、汤姆森和万科塔曼（Eleswarapu，Thompson and Venkataraman，2004）发现，《公平披露信息条例》实施之后，信息不对称性（以买卖报价价差来衡量）明显下降，这种现象对于很少有分析师跟随的公司来说更为明显。

（2）不同国家的不同准则对证券分析师盈余预测的影响差异。霍普（Hope，2003a）发现，在不同的国家里，会计信息的强制披露降低了盈余的不确定性，从而提高了分析师盈余预测的准确程度。霍普（2003b）表明，会计政策披露和分析师盈余预测的偏差，以及分析师盈余预测的分歧差负相关，这表明，会计政策披露降低了分析师对盈余的不确定性。

班服、马瑞林和汤姆斯（Barniv，Myring and Thomas，2005）的研究发现，一个国家的法制和信息环境会影响分析师的行为。大陆法系国家的分析师比本土法国家的分析师有更强的预测能力。

若曼斯等（Ramnath et al.，2008）指出，由于 I/B/E/S 数据库提供了国际分析师的预测数据，学者们可以研究会计准则、法规、法律结构对分析师的影响的跨国研究。虽然到目前为止，这样的研究并不多见，但是研究结果都表明，致力于提高信息披露以及提高会计准则质量的规定会改善信息环境，从而提高分析师预测的准确程度，也就是说分析师盈余预测为这些准则的实施效果提供了一把衡量的标尺。

2.3.2 国内研究

由于我国证券市场建立只有十几年的时间，证券分析作为一个行业刚刚兴起，WIND 和 CSMAR 数据库也是从近年来才提供证券分析师盈余预测的数据，因此，国内学者对分析师盈余预测的研究起步比较晚。随着基金的发展，QFII 的推行，中国证券分析师的队伍不断扩大，对分析师的研究也逐渐成为国内学者关注的热点。

吴东辉、薛祖云（2005）首次较为系统地研究了我国证券分析师盈利预测的准确性、盈利预测的价值相关性以及盈利预测数据公布的市场反应，结果发现我国证券分析师的盈利预测具有较强的价值相关性，市场对分析师的预测做出了显著的反应，这说明我国证券分析师对市场上的投资者提供了有价值的信息。

随着分析师在我国资本市场作用的凸显，一些学者开始研究分析盈余预测的信息来源以及公司披露信息质量与分析师盈余预测的关系。胡奕明、林文雄和王玮璐（2003）通过对国内证券分析师的问卷调查得出以下结论：（1）我国证券分析师很注重公司公开披露的信息，其中上市公司年报、半年报和季报分析师是最主要的信息来源。（2）在年报中，他们最重视的是合并资产负债表、损益表和现金流量表的信息。他们并列出了证券分析师使用最多的前十位会计科目和财务比率，其中前三位的会计科目是主营业务收入、净利润和主营业务利润，前三位的财务比率是主营业务收入增长率、净利润增长率和每股收益。（3）我国证券分析师对年报信息的使用能力不断提高，对会计信息和管理信息的使用频率都有所上升。

李丹蒙（2007）借鉴郎和兰德姆（1996）的模型，采用深交所的年度上市公司信息披露评价作为公司透明度的代理变量，研究了公司透明度与证券分析师预测人数之间的关系。研究发现，在控制了其他因素后，公司透明度与证券分析师预测人数显著正相关，即透明度高的公司会吸引更多的证券分析师关注。在控制了两者的内生性问题后，结论保持不变。

方军雄（2007）以深交所公布的上市公司信息披露考核结果作为信息透明度的衡量指标，研究了上市公司信息披露状况对证券分析师的预测特征（预测准确性和预测分歧性）的影响。结果表明，信息披露透明度越高，证券分析师预测对会计盈利数据的依赖程度越低，预测准确性也随之提高。但是对于预测分歧性，该文并没有得到显著的证据。

对于分析师和财务报表具体项目的研究，目前有所涉及的只有方军雄、邵红霞（2006）。他们通过对证券分析师进行问卷调查的方式，研究了财务报表中无形资产信息对证券分析师的有用性，即证券分析师是否关注企业的无形资产？证券分析师对当期无形资产的会计准则处理是否有满意？调查结果表明，大部分分析师认为，无形资产的信息比较重要，但是只有28.99%的分析师在分析企业财务报告的时候会考虑企业无形资产表内确认额。出现这种结果的原因在于，52.86%的分析师认为当期的无形资产准则不能如实地反映企业无形资产的价值，无形资产价值被明显的低估。60%以上的分析师赞成对现行的无形资产准则进行修改，从而真实地反映企业无形资产的价值，提高分析师预测的准确程度。

综上所述，从目前现存的有关分析师盈余预测的文献来看，国外对分析师盈余预测研究比较细致，研究涉及的范围也比较广阔，研究的方法也比较多样。我国对于分析师盈余预测的研究也取得了可喜的进展，学者的关注热点已经从分析师盈余预测自身的描述性统计发展到探寻盈余分析师盈余预测的因素上来。但是，当前的绝大部分研究仍然只是关注整个财务信息披露的质量和分析师盈余预测的关联，对于财务信息披露中的具体项目以及个别项目对分析师盈余预测的影响还未有所涉及。此外，关于具体准则变动对分析师预测的影响也是鲜有研究，这些都为本书的研究提供了契机。

2.4 本书对相关理论的传承及创新

本章通过对财务信息披露相关理论的回顾以及对无形资产、证券分析师盈余预测的文献综述，明晰了财务信息披露的整体框架以及无形资产信息披露和证券分析师盈余预测这两个研究分支的整体脉络，为本书后面的研究奠定了基础。

通过对财务信息披露相关理论的回顾可知：（1）会计准则的变动会影响财务信息披露的方式和形式；（2）财务信息披露的方式和形式决定了财务信息披露的质量；（3）财务信息披露质量的高低会影响财务信息披露发挥作用的（减少信息不对称、帮助投资者甄别好的企业、防止管理者出于私人动机损害投资者利益）程度，从而对财务报告最直接的使用者——证券分析师的盈余预测产生影响，最终影响了投资者的决策。无形资产信息披露是企业财务信息披露的重要组成部分，无形资产信息披露必然也符合财务信息披露的基本理论，并且无形资产信息披露必然会影响公司财务报告的整体质量。近年来的研究表明，财务报告质量逐年下降的罪魁祸首之一就是当前的会计体系不能如实地反映企业的无形资源。因此，对财务信息披露质量的研究必须考虑到无形资产的信息披露因素。本书通过研究无形资产在财务报表中的确认程度对证券分析师的影响，间接地考察了财务报告中的无形资产披露的充分程度是如何影响财务报告的质量，并最终影响了财务信息披露的结果，为财务信息披露理论提供了一个微观科目层面上的参考。

从前面的有关无形资产的文献综述可知，由于会计准则的谨慎性规定，企业大部分无形资产在财务报表中未能得以确认，这种情况就造成了投资者不能了解企业无形资产的总体状况，不能正确地评估一个企业的资产和收益。无形资产的信息披露准则降低了财务信息披露质量，损害了无形资产信息对投资者的有用性。由于投资者的反应不能直接获取，绝大部分的文献都是从无形资产信息与企业未来盈余、股票的价格，以及股票回报率具有相关性的角度（即价值相关性的角度）来揭示无形资产信息对投资者具有有用性。这种设计的理论基础在于，股票价格反映了投资者对公司未来盈利的预期。股票价格的变动是投资者投资信念变动的标识。然而，这种方式始终是从间接而非直接的角度来检验无形资产信息对信息使用者的有用性。本书采用了一种更为直接的方式，从证券分析师的盈余预测视角出发，检验了无形资产在财务报表中的反映程度对报表使用者进行决策和预测的影响，从而对无形资产信息披露的充分程度是否会影响信息使用者的决策这一无形资产研究的核心问题予以了正面回答。

从证券分析师盈余预测的文献综述可知，公开披露的财务信息是分析师盈余预测最重要的信息来源。财务信息质量是影响分析师跟随人数、分析师盈余预测的准确程度和分析师盈余预测的分散程度的重要因素。之前的文献大多研究的是财务报告整体质量对证券分析师盈余预测的影响，而没有关注到财务报告中的具体项目的信息披露对证券分析师盈余预测的影响。无形资产信息披露是财务信息披露的一个重要组成部分，之前的研究表明由于无形资产信息不能充分地在财务报表中确认，从而导致了财务信息披露的质量不断下降。本书从无形资产信息披露的角度出发，证实了无形资产信息在财务报表中确认的充分程度会影响证券分析师跟随、证券分析师预测的准确程度，以及证券分析师盈余预测的分散程度，从无形资产的角度拓展了证券分析师盈余预测研究。

有关无形资产和证券分析师盈余预测之间关联的研究是一个全新的研究视角，目前存在的实证文献并不多。现存的有关无形资产和证券分析师盈余预测的研究存在着以下几个缺陷：

首先，现存的有关无形资产和证券分析师盈余预测的文献大部分只是检验了企业无形资产存量（即无形资产在财务报表中的确认金额）和证券分析师盈余预测的某一特征之间的关联，而并没有把无形资产资本化程度（即在财务报表中确认的无形资产和企业全部无形资产价值的比值）对证券分析师盈余预测的三个研究维度（即分析师跟随、预测的准确性、预测的分散性）的影响进行检验，从而没有从根本上回答财务报表中无形资产的确认程度这一无形资产信息披露的核心问题"是否"会对证券分析师盈余预测产生影响,并且揭示无形资产资本化"如何"对证券分析师盈余预测产生影响。

其次,无形资产的构成复杂,不同类型的无形资产有着各自不同的特征和作用。证券分析师对财务报表中不同类型的无形资产信息是否有着不同的反应?对于这个问题,现存的文献都是采用问卷调查的方式予以研究,还没有实证性的文章对这个问题进行检验。

最后,无形资产在财务报表中的确认程度有着很强的制度背景与无形资产会计准则的规定紧密相关,但是无形资产财务报告准则并不是一成不变的,它会随着社会的变化和市场需求的变化而不断调整。在经济一体化的浪潮下,在各国会计准则不断走向国际趋同的过程中,为了保证会计信息的可比性,各国纷纷对本土会计准则进行修改,并和国际会计准则保持趋同。那么,无形资产信息披露准则的变更又会对无形资产资本化和分析师盈余预测之间的关系产生怎样的影响?也就是说,无形资产准则的变更会增强财务报表中的无形资产信息对证券分析师的有用性,还是会削弱这种有用性?这些问题都是上市公司、分析师,以及准则制定方迫切想要知道答案的问题。然而迄今为止,国内外还鲜有文献对这个重要的问题进行研究。

鉴于以上提到的研究空白,本书以财务信息披露质量为理论契合点,研究了:(1)企业无形资产资本化和分析师跟随、分析师盈余预测的准确性、分析师盈余预测分散性的关系;(2)财务报表中的权利类无形资产的资本化程度和技术类无形资产的资本化程度对于证券分析师盈余预测的影响是否有所不同;(3)财务制度背景对无形资产资本化和证券分析师盈余预测之间关系的影响。正是这三方面的研究构成了本书研究的主体,实现了本书对财务信息披露理论、无形资产信息披露理论、证券分析师盈余预测理论的传承与创新。

第 3 章

我国企业无形资产资本化的
制度背景分析

　　无形资产是企业的重要资源，是企业生产经营中具有决定意义的资产要素。与有形资产相比，无形资产对于企业竞争优势的形成和保持发挥着更为重要的作用。大量研究表明，企业的无形资产与企业会计盈余的质量、企业未来盈利状况以及企业的价值密切相关。然而，传统的财务计量体系从稳健性原则出发，不倾向于将企业全部的无形资产反映在资产负债表中，从而导致了绝大部分的无形资产不能在企业的财务报表中得以体现，无形资产信息在企业内部和外部严重不对称，企业的市场价值与账面价值严重偏离。列弗和泽若闻（1999）的研究表明，财务报表信息价值相关性的减弱与近年来无形资产强度的不断增加有很大关系，导致财务信息有用性不断恶化的"罪魁祸首"之一就是当前的会计体系不能如实地反映企业的无形资产。

　　由于财务报表只能反映企业小部分的无形资产，财务报表是投资者和证券分析师进行评估、决策、预测最重要的依据，因此，无形资产在财务报表中的确认比例，即无形资产资本化程度显得格外重要。无形资产资本化程度反映了企业无形资产在财务报表中被确认的充分程度，无形资产资本化程度越高，企业无形资产信息在财务报表中反映得越充分。此外，无形资产资本化是一个与财务制度背景密切相关的概念，财务制度或者会计准则对无形资产的确认、计量以及摊销的规定在某种意义上决定了企业无形资产的资本化程度。然而，财务制度和会计准则并不是一成不变的死板律例，他们是随着社会的变化和报表使用者需求的变化不断调整的一种制度安排，因此，制度背景的分析对研究无形资产资本化问题有着重要的意义。

　　本章从无形资产的经济性质出发，通过引用广义无形资产和狭义无形资产的概念对无形资产资本化的含义予以揭示，并给出了企业无形资产资本化的度量方法。在明确了无形资产资本化的含义以及度量的基础上，本章分析了我国无形资产资本化的财务制度背景。由于我国在 2007 年实施了与国际趋同的新的财务报告准则，与 2002 年实施的无形资产旧准则相比，新准则对无形资产的确认、计量方面都有着较大的变动。因此，本章分析了在新旧两种财务报告准则背景下的无形资产资本化的制度条件。

3.1　无形资产的经济性质

无形资产会增加企业的价值创造并且给企业带来竞争优势，这是由无形资产特殊的经济性质决定的；同时大部分无形资产在财务报告中不能被确认和计量，也是由无形资产特殊的经济性质所决定的。研究无形资产的相关问题必须从无形资产的经济性质入手（葛家澍，2004）。本节将从无形资产的概念、无形资产的特征、无形资产的价值相关性三方面介绍无形资产的经济性质。

3.1.1　无形资产的概念

无形资产是企业最重要的经济资源，随着无形资产重要作用的日益凸显，无形资产已经深入到社会生活的方方面面。然而，什么是无形资产？纵观无形资产领域的研究，不难发现，迄今为止对无形资产的定义还没有一个统一的认识。不同的学科从不同的视角出发对无形资产有不同的定义。

从法学的视角上看，无形资产是指那些被所有人长期使用，虽然不具备实物形态，但也能给企业带来收益的财产和权力。法学将无形资产分为知识型无形资产和权力型无形资产。知识型无形资产主要是指具有法律保障的独立的高密集度的知识、技术，以及科学成果的所有权；权力型无形资产是指各种能带来经济利益的特许权力。法学角度的无形资产侧重于无形资产的归属权和法律保护，因此，法学角度的无形资产定义究其本质是一种权力观。

从管理学的视角上看，无形资产被定义为不具有实物形态，但却具有经济价值的经营资源，并且这种经营资源能为所有者在一定时期内提供经济效益。管理学的无形资产定义强调的是无形资产不具备实物形态，但是是一种资源，这种资源可以为企业带来经济收益。因此，管理学角度的无形资产定义是一种经济资源观。

从经营学的视角上看，无形资产是一个具有广泛范围的概念，其可以分为市场资产、知识产权资产、人力资产和企业管理资产四大类[①]，其具体定义如下：（1）市场资产是指一个企业拥有的与市场有关的无形的但是却可以获得潜在利益的资源。市场资产主要包括商标、信息资产（比如分析软件或者电子商务系统等）、销售关系网络资产、顾客资产（如顾客档案、顾客名单等）、企业形象资产等（比如企业知名度和企业信誉）。（2）知识产权资产是指受到法律保护的企业内部自创的或者外购的非物质的能够给企业带来价值的资产，比如专利、版权，以及商业秘密等。（3）人力资产是指由于企业技术人员、操作人员、销售人员、管理人员，或者是整个团队的优秀素质以及合作能力给企业带来的超额价值。尽管人力资产是无形资产中相对最为不固定的资产，但是如果企业有较强的凝聚力，一支稳定的优秀团队会增加企业的价值和竞争能力。（4）企业管理资产是指企业经过长期努力形成的管理哲学、管理制度、企业文化给企业带来的经济利益的独特的优势资产。这种资产以一种潜移默化的方式影响企业的生产、组织和管理的效率，从而为企业带来经济价值。从资产经营学角度划分的无形资产体现了时代特色，开拓了无形资产的范围，为无形资产的划分带来新视角。

与法学、管理学、经营学对无形资产的定义相比，无形资产的财务会计定义则严格得多，这是由财务学科的特点决定的。法学、管理学以及经营学的任务是认定什么是无形资产以及如何保护、扩大和经营这种无形资产，而财务学则要考虑无形资产的精确价值以及如何确认无形资产、按什么样的方式精确地计量无形资产。从财务角度定义无形资产是极其重要的，因为在市场经济的条件下，无形资产和其他资产一样要计入企业的价值，并且和其他资产一样要进行计量、摊销、转入、注销和投资。那么，什么样的无形资产能够计入企业的财务报告，也就是说在财务学科里什么样的无形资源才能被定义为无形资产是至关重要的。由于各国的财务会计准则不同，以及财务报告准则经常发生变化，因此财务学科中的无形资产的定义也并不统一，不同的国家，不同的机构，在不同时点对无形资产有

---

① 这一分类参考了王维平、史悦：《试论对现代企业无形资产的四重分类》，载《财会研究》2007 年第 4 期。

不同的定义。

国际会计准则委员会（以下简称 IASC）在 1994 年 1 月发表的一份《无形资产原则公报》中将无形资产定义为："无形资产是指可辨认的，无实物形态的非货币性资产。"IASC 于 1998 年 10 月 1 日新颁布的《国际会计准则第 38 号——无形资产》中把无形资产定义为用于商品或劳务的生产或供应、出租给其他单位或为管理目的而持有的，没有实物形态的可辨认的非货币性资产。这一定义强调了无形资产的本质特征——可辨认性、对资源的控制性和未来经济利益的确定性。其中，可辨认性要求明显地把并购商誉排除在外。

美国财务会计准则委员会（以下简称 FASB）在 1976 年的一份《征求意见稿》第 17 段把无形资产定义为不具有物质形态的经济资源，其价值取决于特定的权力和未来经营中获得利益的非货币性资产。FASB 在 1999 年 9 月所公布的《企业并购与无形资产》把无形资产定义为无实物形态的非流动的非货币性资产，其中商誉也被认为是无形资产。

我国在 1985 年之前并不对无形资产进行核算。1985 年财政部颁布的《中华人民共和国中外合资经营企业会计制度》用列举的形式对无形资产进行定义，该定义中无形资产主要包括专有技术、专利权、商标权、版权、场地使用权和其他特许权。1992 年 5 月由财政部发布的《股份制试点企业会计制度》将无形资产界定为专利权、商标权、专有技术、土地使用权、商誉等。我国 1993 年颁布实施《企业财务通则》给无形资产下的定义为：无形资产是指企业长期使用而没有实物形态的资产，包括专利权、非专利技术、商标权、著作权、土地使用权、特许经营权、商誉等。我国 2001 年 1 月 1 日开始实施的《会计准则——无形资产》（以下简称旧准则）中，将无形资产定义为："企业为生产商品、提供劳务、出租给他人，或为管理目的而持有的、没有实物形态的非货币性长期资产"，并进一步指出，无形资产可分为可辨认的无形资产和不可辨认的无形资产，不可辨认的无形资产特指商誉。财政部于 2006 年 2 月 15 日新颁布的《企业会计准则第 6 号——无形资产》（以下简称新准则）把无形资产定义为企业拥有或控制的没有实物形态的可辨认的非货币性资产。主要包括专利权、非专利技术、商标权、著作权、土地使用权、特许权等。和旧准则不同的是，新准则规定企业自创商誉以及内部产生的品牌、报刊名等，不应确认为无形资产。新准则首次将商誉从无形资产中剔除，放在企业合并中规范，这与国际会计准则规定及我国日益市场化的趋势相吻合。

对比法学、管理学、经营学以及财务学对无形资产的定义，我们可以看出，无形资产的形成是一个历史的、动态的渐进过程，其内涵和外延也在不断变化中。经营学对无形资产的定义最具时代特色，而财务学出于谨慎计量原则的考虑，仅把专利权、非专利技术、商标权、著作权、特许经营权、土地使用权等纳入我国财务会计系统，而企业人力资本、组织资本、客户资本等对企业价值的创造和提升也做出了重要贡献的无形资产项目则被排除在外。财务准则中的无形资产定义从会计的可靠性与谨慎性原则出发过于强调对资产的控制权和成本可辨认性，而忽略了会计的相关性原则，从而导致很多对企业来说非常重要的无形资产在财务报表中"蒸发"了，财务报告中的无形资产只是企业整个无形资产中的很小的一部分。

综合非财务学科和财务学科对无形资产的不同界定，本书把无形资产分为狭义无形资产和广义无形资产。狭义无形资产主要是指现行会计体系内的资产负债表内确认的无形资产，具有可辨认、可分离、可控制和能够以货币计量的特征，其主要包括土地使用权、特许经营权、其他使用权、专利权、非专利技术、商标、软件及其他无形资产等。广义无形资产则是指不具有实物形态，使用价值确定，能为企业使用并带来长期收益的一切经济资源的集合。后文提到的无形资产皆是指广义无形资产，对于狭义无形资产，后文用"报表确认的无形资产"来表示。

3.1.2 无形资产的特征

不管是广义无形资产，还是狭义无形资产，它们都具有无形资产的共同特征：（1）外在具有无形性。（2）使用价值具有确定性，即任何无形资产都具有特定的使用价值。（3）收益报酬递增性，即无形资产的使用不受规模报酬递减规律的限制；传统经济学认为，生产中存在着规模经济，企业的平均成本随着生产规模的扩大而逐步下降；但是当企业规模扩大到一定程度，由于协作成本的增加，使得企业的平均成本趋于上升状态，呈现规模递减规律。而对于无形资产来说，如果其使用的市场空间足够大，平均成本往往呈下降趋势，收益规模呈递增趋势。（4）具有网络效应，即无形资产的收益随着网络规模的扩大而增加，无形资产使用网络往往会给企业带来良性反馈，使得成功的公司更成功，在生产效率上更具规模效应。（5）价值具有易变性，由于无形资产和知识和技术密切相关，而现代社会的知识技术更新的速度呈现几何倍率的增长，因此无形资产的更新换代速度也非常之快，当有新的技术出现，旧的技术的价值则大打折扣，因此，无形资产的价值变动的幅度也非常之大。（6）投资具有风险性。无形资产以技术和知识为依托，必须依靠投资和研发才能被创造，但是无形资产的投资具有较大的风险性，一旦研发不成功，前期对无形资产的全部投入都会变成"沉没成本"，所有的资金投入都面临颗粒无收的情况。

正是由于无形资产既具有给企业带来超额收益的特征又具有巨大的风险性特征，才决定了只有部分无形资产（广义无形资产）可以计入财务报表中的无形资产科目（狭义无形资产）。

广义无形资产概念和狭义无形资产概念的特征区别主要表现在以下几个方面：（1）广义无形资产不强调归属上的垄断性，但强调使用的主体性。广义无形资产并不要求任何无形资产都归属于特定的主体，只要一旦明确无形资产能够被企业直接或者间接地使用并能给企业带来经济效益，就可以将其视为无形资产。狭义无形资产则强调企业对无形资产的"拥有"或者"控制"，如果企业仅仅拥有使用权而不拥有控制权，即使能给企业带来经济效益，也不能在财务体系内确认为无形资产。比如，员工所拥有的知识技能等人力成本，并不能被企业所拥有，但企业对这些人力资本具有使用权，并且这些人力资本可以创造效益。在这种状况下，人力资本属于无形资产，但是却不能在财务报表中确认为无形资产。（2）广义无形资产不强调历史成本，而强调使用价值。由于无形资产价值具有不确定性，为了遵循财务谨慎性原则，一般只有在能够确认为取得无形资产而发生成本支出的条件下，即无形资产具有获取价值时，才计量无形资产的取得成本并在资产负债表中确认为无形资产。广义无形资产概念不强调历史成本，但强调无形资产具有确定的使用价值，只要对其有效使用能为企业带来收益就可以视为无形资产。例如，对于企业所拥有的客户资源及其与顾客之间建立的良好信任关系等，虽然无法追究它们产生时的成本，但这些关系型资产确实可以为企业创造良好的效益，因此，也可以归入广义无形资产的范畴，但是却不能在财务报表中予以确认。（3）广义无形资产不强调收益的稳定性，而强调收益的可能性。无形资产由于其无形潜在的特征，其经济价值极易发生变化，因而给企业带来的超额收益也是极不稳定的。广义无形资产概念虽不强调其为企业带来收益的稳定性，只关注于该无形资产能在多大程度上为企业创造收益。而狭义的无形资产既强调无形资产带来收益的可能性，又强调为企业带来收益必须具有稳定性。例如，企业无形资产的研究开发支出，由于无形资产的研发具有很高的风险，因此大多数研发费用不能在资产负债表中得以确认。

3.1.3 无形资产的价值相关性

由于无形资产能给企业带来超额盈利以及竞争优势，有关企业无形资产的信息披露成为投资者、证券分析师、债权人、评估结构以及金融中介关注的重点。邵红霞（2007）针对我国财务分析师的问卷调查发现，无形资产是影响企业价值的重要因素，也是证券分析师评价上市公司价值的重要参考。大量的实证研究的结果表明，无形资产信息披露具有"价值相关性（value relevance）"无形资产信息会影响投资者的决策，从而会导致股价的波动。

价值相关性是实证会计研究的五个最重要的领域[①]之一。从鲍和布朗（Ball and Brown，1968）以来，有关会计数字和股票价值之间关联的研究成为一个用来鉴别会计信息可靠性和相关性的重要手段。价值相关性研究关注会计信息和股票价格及股票收益率之间的关系，这一关系反映了投资者行为的经济后果（Lev and Zarowin，1999）。若会计数字和股价之间显著相关，则可以说明会计数字的信息反映了投资者用来评估公司价值的信息（Barth et al.，2001）。简单地说，无形资产价值相关性是指无形资产信息对公司股票价格或者股票市场回报的解释能力和影响系数。其理论逻辑如下：股票价格反映了投资者对公司未来现金流入的预期，某一时期的股票价格的变动（即股票回报）是投资者对公司未来现金流量预期变动的标识，因此，无形资产与股票价格或者股票回报率之间的相关性说明了无形资产信息在多大程度上影响或者改变了投资者对公司未来现金流入的预期，从而间接地证明无形资产信息会影响投资者的决策。

大量的学者检验了不同类型无形资产的价值相关性，结果发现，无论是在资产负债表中确认的无形资产还是未在资产负债表中确认的无形资产，都和股价或者股票回报率密切相关。埃米尔和列弗（Amir and Lev，1996）选取无形资产对企业价值影响较为明显的移动通信行业作为研究对象进行研究，结果发现企业披露的非财务指标和未确认的无形资产具有价值相关性。艾布迪和列弗（Aboody and Lev，1998）发现，资本化的软件

---

① 按照 Beaver（2002）的评论，实证会计研究最重要的五个研究领域分别为市场效率问题、Feltham - Ohlson 模型、价值相关性研究、分析师行为研究以及会计操控性应计研究。

开发费用和公司股票回报率显著正相关。汉德、戴姆斯和列弗（Hand, Demers and Lev, 2000）以网络公司为研究对象，研究了网络公司广告成本和公司市值的关系。研究发现，网络公司争取客户产生的成本和公司的市值正相关。黛比、刘和扎克（Darby, Liu and Zucker, 1999）以生物公司为研究对象，用公司员工发布科技论文的数量来衡量生物公司的人力成本，结果发现，人力资本与公司未来的市场价值正相关。薛云奎、王志台（2001b）发现，无形资产信息对股票定价有着显著的影响，而有形资产对股票定价影响却不显著。王化成、卢闯（2004）发现，无形资产表内确认存量与股票价格显著相关。贾平、李晓强（2005）的研究发现，无形资产与股票价格显著正相关，无形资产比重能够显著提高会计盈余的价值相关性。

　　无形资产价值相关性的研究表明了无形资产信息披露和公司股票价格或者股票回报率之间有着密切的关联。因此，无形资产在财务报表中反映的充分程度对于投资者了解企业无形资产的真实情况、评估企业的价值、对投资进行决策具有重大的意义。

3.2　无形资产资本化的涵义及度量

3.2.1　无形资产资本化的涵义

　　从3.1节的分析可知，广义无形资产是一个具有广阔内涵的概念，它是指不具有实物形态，使用价值确定，能为企业使用并带来长期收益的一切经济资源的集合。由于广义无形资产不强调归属上的垄断性，只强调使用上的主体性、不强调获取价值只强调使用价值、不强调收益的稳定性只强调收益的可能性，大部分的广义无形资产不符合以谨慎性和可靠性为原则的财务确认和计量要求，因此，不能在企业财务报表中予以反映（即不能纳入狭义无形资产的范围）。

　　大量的研究表明，无论是未在财务报表中确认的无形资产（潜在无形资产）还是在财务报表中确认的无形资产（狭义无形资产），都和公司股票价格或者股票回报率之间有着密切的关联，即无形资产具有价值相关性。由于财务报表是证券市场财务信息披露的核心，财务报表中能反映出多少无形资产对于投资者评估企业的价值，预测企业未来的盈利，从而进行投资决策具有重要的意义。

企业广义的无形资产中多少可以在企业资产负债表中确认为无形资产其实是"无形资产资本化"的问题。财务学中的"资本化"是指符合条件的相关费用支出不计入当期损益，而计入相关资本成本，作为资产负债表的资产类项目管理。简单地说，资本化就是公司将支出列入资产的方式，资本化涉及资本性支出的确认、计量与摊销等问题（于启武、徐泓、易验，1999）。"无形资产的资本化"是指把企业广义无形资产中符合财务学中资产的定义及确认计量条件的无形资源计入资本负债表中的资产类项目并对其进行摊销的过程。无形资产的资本化衡量了企业有多少无形资产具有可辨认、可分离、可控制和能够以货币计量的特征，从而可以在会计体系内的资产负债表中予以确认。

由于各个企业的无形资产基本情况有所不同，单纯地比较企业资产负债表中无形资产的科目余额不能体现出企业的财务报表反映企业广义无形资产的程度，因此对于无形资产资本化的度量应该是一个比值上的概念，即相对于企业广义无形资产的总价值，财务报表可以将其确认为无形资产的比率。无形资产资本化程度反映的是企业财务报表反映无形资产的充分程度。无形资产资本化程度越高，企业财务报表对无形资产反映得越充分；无形资产资本化程度越低，企业财务报表对无形资产的信息披露越不充分，无形资产信息在财务报表中披露得不充分将加大企业内部经理人和外部投资者之间的信息不对称程度，使市场投资者不能了解企业真实的经济状况，因而不能甄别企业的优劣，造成"劣货市场"和"逆向选择"的结果，这样就损坏了资本市场的资源优化配置的功能（葛家澍，2002）。

3.2.2 无形资产资本化的度量

由无形资产资本化的涵义可知，无形资产资本化程度反映的是企业财务报表对无形资产反映的充分程度，企业财务报告中确认的无形资产相对于企业无形资产总体价值的比例越高，该企业无形资产信息披露就越充分。这个简单的逻辑引出了一个度量无形资产资本化程度的数学表达式：

$$无形资产资本化程度 = \frac{企业资产负债表中确认的无形资产价值}{企业无形资产的总体价值}$$

$$(3-1)$$

其中，无形资产在资产负债表中的确认价值等于公司资产负债表中无形资产的科目余额，即狭义无形资产的价值。企业无形资产的总体价值为未在资产负债表中确认无形资产的价值（即企业潜在无形资产价值）与已经在资产负债表中确认的无形资产（即狭义无形资产价值）之和，因此，那么公式（3-1）可以变形为：

$$无形资产资本化程度 = \frac{狭义无形资产价值}{潜在无形资产价值 + 狭义无形资产价值}$$

$$(3-2)$$

由式（3-2）可知，无形资产资本化程度取决于狭义无形资产价值和企业潜在的无形资产价值。狭义无形资产价值，即资产负债表中无形资产的科目余额，可以直接从公司资产负债表中获得。企业潜在的无形资产价值的衡量成为计量无形资产资本化程度的关键。

企业潜在无形资产的价值是否能被衡量？也就是说，我们是否可以找到一种方法来衡量没有在会计报告中反映，但是又对企业价值创造过程中起重要作用的无形资产的价值。FASB 在 2001 年的一份专门报告"新经济对企业和财务报告的挑战"中有关会计账面价值到公司证券市场价值的计算过程间接地回答了这一问题。根据 FASB 的描述，从企业会计账面价值到公司在资本市场的价值的过程（market capitalization）可以用表 3-1 来表示：

表 3-1 公司市场资本化价值构成表

	公司会计的账面价值	[1]
+/-	会计账面价值与市场评估价值的差异（如外购商誉等）	[2]
+/-	符合资产和负债的定义但未在财务报表中确认的项目（如自行研究与开发的专利权）按照市场评估的基础价值	[3]
+/-	不符合资产和负债定义的无形资产价值增进或者价值减损（如团队精神）	[4]
+/-	按市场评估主体的未来计划、机遇和企业风险（如客户订单）	[5]
+/-	其他因素，包括广告、市场心理学等（如营销哲学）	[6]
=	市场资本化价值	[7]

资料来源：葛家澍：《21 世纪财务报告展望（下）——迎接竞争、技术和全球化三股力量汇合的挑战》，载《财务与会计》2002 年第 2 期。

由表3－1可以看出，按照成本计量的企业账面价值［1］和企业在资本市场的价值［7］之间的差异在于公司潜在无形资产的存在，即从［2］～［6］。因此，我们可以得出：

公司潜在无形资产的价值＝公司的股票价值－公司会计的账面价值

$$(3-3)$$

尽管用公司在证券市场价值和公司会计账面价值的差额来衡量公司潜在无形资产的价值并不十分精确，但是，从总体上说，"公司潜在无形资产"被视为企业市价超出企业账面价值的部分，在计量上可用企业在证券市场上的总价值与会计账面之间的差额来衡量（Ross et al.，1998；Brooking，1997；Booth，1998）。国内外大量的实证研究将企业市值与企业净资产的差额作为衡量公司有无未确认的资产（薛云奎、王志台，2001a）。本泽恩（Ben－Zion，1978）的研究发现，企业市值与账面净值的差额与企业研究开发与广告费用的支出密切相关。马特克斯和瓦特（Matolcsy and Wyatt，2006）用企业市值与账面价值的差额来计量企业未被财务报表确认但却客观存在的无形资产。本书沿用国内外以往的实证研究对企业潜在无形资产的计量方法，用企业市值与账面价值的差额来衡量企业潜在的无形资产。把公式（3－3）代入公式（3－2）可得：

$$无形资产资本化程度 = \frac{狭义无形资产价值}{（市值－账面净资产）＋狭义无形资产价值}$$

$$(3-4)$$

从无形资产资本化的度量公式（3－4）上看，企业无形资本化程度主要受公司狭义无形资产价值的影响，而狭义无形资产价值，即在资产负债表中确认的无形资产的价值受以下三方面因素的影响：（1）企业无形资产的投资状况、无形资产的研究周期等无形资产投资的客观经济状况。（2）企业管理者对无形资产信息披露的操纵。由于无形资产关系到企业的核心资源和竞争优势，公司管理层完全掌握对外进行相关信息披露的时机，管理者的动机对企业是否披露无形资产以及披露多少无形资产有着重要的影响。（3）会计准则对无形资产确认和计量的规定是影响企业无形资产报表确认金额的重要因素。会计准则从制度上规定了满足什么样条件的无形资产才能在财务报表中确认为无形资产，并采用什么样的方法对在资产负债表中确认的无形资产进行计量和摊销。此外，会计准则的变动会导致企业狭义无形资产价值的变动，从而导致企业无形资产资本化程度的变动。比如新会计准则规定企业研究开发支出所产生的费用可以部分资本化，这就使企业在资本负债表中可确认的无形资产得以增加，从而使得企业无形资产资本化程度得以提高。

3.3 我国企业无形资产资本化的制度背景

通过前面的研究可知，企业财务报表能够反映企业无形资产的充分程度可以用企业无形资产资本化程度来衡量。无形资产资本化程度越高，财务报表反映的企业的无形资产越充分。从度量公式上来看，无形资产资本化程度等于财务报表中无形资产科目余额与企业无形资产总价值的比值。因此，财务报表中无形资产的科目余额对无形资产资本化程度有着重要影响。由于财务报表中无形资产的账目余额受到财务制度和会计准则对无形资产的确认、计量、摊销等制度规定的影响，而财务制度和会计准则并不是一成不变的死板律例，他们是随着社会变化和报表使用者需求变化不断调整的一种制度安排。因此，无形资产资本化是一个被打上制度烙印的概念，具有鲜明的财务制度特色。

此外，有关无形资产的财务制度和会计准则在国际上并不是完全统一的，不同的国家有着不同的准则。在国际经济一体化的潮流下，为了实现会计信息的国际可比性，越来越多的国家修改了本土准则并向国际会计准则靠拢，无形资产在财务报表中的确认计量准则的国家差异正不断缩小。在这种背景下，我国于 2006 年 2 月颁布了《企业会计准则第 6 号——无形资产》（以下简称新准则），并定于 2007 年 1 月 1 日起在上市公司范围内实施。新准则多方面借鉴了《国际会计准则第 38 号——无形资产》，在定义、确认、计量以及摊销方面与 2001 年发布的《企业会计准则——无形资产》（以下简称旧准则）相比，均有较大的变动。无形资产在财务报表中定义、确认、计量，以及摊销规则的变更必然会影响企业财务报表对无形资产的反映程度。因此，要研究企业的无形资产资本化程度，必须先了解无形资产资本化的制度条件，即研究范围内的财务制度和会计准则对财务报表中无形资产确认、计量，以及摊销的规定。本书主要研究时间窗为 2002～2009 年，其中 2002～2006 年我国上市公司无形资产的财务确认和计量遵循的是 2001 年财政部颁发的无形资产旧准则，2007～2009 年我国上市公司无形资产的财务确认和计量遵循的是 2007 年财政部颁发的无形资产新准则，本书将分别对其进行介绍。

3.3.1　旧准则框架下企业无形资产资本化的制度条件

关于无形资产的核算和计量，我国在 1985 年首次规定对乡镇企业中的无形资产进行核算，1993 年《会计准则》颁布后，无形资产成为企业财务报告中必不可少的一个核算科目。随着我国经济的发展和资本市场的建立，财政部颁布了一系列与无形资产有关的法规，如：《中华人民共和国专利法》《中华人民共和国商标法》《中华人民共和国著作权法》等。2001 年，财政部颁布了《企业会计准则——无形资产》对我国企业无形资产的计量和核算做出了明确的规定。相对于财务部 2006 年颁布的《企业会计准则第 6 号——无形资产》，本书把财政部 2001 年颁布的《企业会计准则——无形资产》称为无形资产旧准则，并对旧准则有关无形资产的定义、核算内容、内部研究开发费用的确认和计量以及无形资产的摊销进行介绍①。

3.3.1.1　无形资产的定义和确认

旧准则规定，无形资产指企业为生产商品，提供劳务，出租给他人，或为管理目的而持有的，没有实物形态的非货币性的长期资产。从以上定义可以看出，无形资产主要具有如下特征：不具有实物形态、属于非货币性的长期资产、企业持有的目的只是为了使用、在为企业创造经济利益方面存在较大不确定性。

符合无形资产定义的项目并不一定就可以作为企业财务报表中的无形资产予以确认。某个项目要作为企业的无形资产在财务报表中予以确认，首先应符合无形资产的定义，其次还应符合无形资产的确认条件。旧准则规定的无形资产确认条件是，该资产产生的经济利益很可能流入企业，该资产的成本能够可靠地予以计量。

3.3.1.2　无形资产的核算内容

根据旧准则框架下无形资产的定义和确认条件，无形资产的核算内容包括专利权、非专利技术、商标权、著作权、土地使用权、特许权、商誉等。

---

①　以下内容引自财政部 2001 年颁布的《企业会计准则——无形资产》。

专利权是指国家专利主管机关依法授予发明创造专利申请人对其发明创造在法定期限内所享有的专有权利，包括发明专利权、实用新型专利权和外设计专利权。

非专利技术，也称专有技术。它是指不为外界所知、在生产经营活动中已采用了的、不享有法律保护的各种技术和经验。非专利技术一般包括工业专有技术、商业贸易专有技术、管理专有技术等。

商标是用来辨认特定的商品或劳务的标记。商标权指专门在某类指定的商品或产品上使用特定的名称或图案的权利。商标权包括独占使用权和禁止权两个方面。

著作权又称版权，指作者对其创作的文学、科学和艺术作品依法享有的某些特殊权利。著作权包括两方面的权利，即精神权利（人身权利）和经济权利（财产权利）。前者指作品署名、发表作品、确认作者身份、保护作品的完整性、包括发表权、署名权、修改权和保护作品完整权；后者指以出版、表演、广播、展览、录制唱片、摄制影片等方式使用作品以及因授权他人使用作品而获得经济利益的权利。

土地使用权指的是国家准许某企业在一定期间内对国有土地享有开发、利用、经营的权利。根据我国土地管理法的规定，我国土地实行公有制，任何单位和个人不得侵占、买卖或者以其他形式非法转让。企业取得土地使用权的方式大致有以下几种：行政划拨取得、外购取得、投资者投入取得等。

特许权，又称经营特许权、专营权，指企业在某一地区经营或销售某种特定商品的权利或是一家企业接受另一家企业使用其商标、商号、技术秘密等的权利。连锁店分店使用总店的名称等。

商誉通常是指企业由于所处的地理位置优越，或由于信誉好而获得了客户信任，或由于组织得当、生产经营效益高，或由于技术先进、掌握了生产诀窍等原因而形成的无形价值。这种无形价值具体表现在该企业的获利能力超过了一般企业的获利水平。商誉与整个企业密切相关，因而它不能单独存在，也不能与企业可辨认的各种资产分开出售。由于有助于形成商誉的个别因素不能单独计价，因此，商誉的价值只有把企业作为一个整体看待时才能按总额加以确定。商誉可以是自创的，也可以是外购的。

3.3.1.3　无形资产的初始计量

对于无形资产不同的取得方式，旧准则对外部取得的无形资产的计量有如下规定：第一，外购无形资产，购入的无形资产应以实际支付的价款作为入账价值。第二，换入无形资产，通过非货币性交易换入的无形资产，其入账价值应按有关非货币性交易的会计处理规定确定。第三，投资者投入的无形资产，投资者投入的无形资产，应以投资各方确认的价值作为入账价值。第四，债务重组取得无形资产，通过债务重组取得的无形资产，其入账价值应按有关债务重组的会计处理规定确定。第五，接受捐赠的无形资产，捐赠方提供了有关凭据的，按凭据上标明的金额加上应支付的相关税费确定；捐赠方没有提供有关凭据的，应按参照同类或类似无形资产的市场价格估计的金额，加上应支付的相关税费确定。

企业在自行研究与开发无形资产过程中，会发生各种各样的费用。比如，研究与开发人员的工资和福利、所用设备的折旧、外购相关技术发生的支出等。发生的这些费用往往难以根据某个特定的项目进行归集；此外，随着企业间技术竞争的加剧，企业研究与开发的项目是否可能成功，是否将来可能为企业带来未来经济利益，在研究与开发过程中往往存在较大的不确定性。因此，旧准则明确要求企业在自行开发无形资产过程中发生的研究与开发费用，应于发生当时确认为当期费用；而依法申请取得时发生的注册费、律师费等费用，则应作为依法申请取得的无形资产的成本，并依此入账。

需要说明的是：第一，无形资产自行开发并依法申请成功前已计入发生当期的费用，在申请成功后不能转增无形资产的成本；第二，旧准则对研究与开发费用规定的处理原则，与相关国际会计准则有所不同。国际会计准则认为，研究与开发应予区分；相应的，研究费用应计入当期损益，开发费用则应在符合一定条件时予以资本化。

3.3.1.4　无形资产的后续计量

旧准则规定，无形资产的成本应自取得当月起在预计使用年限内分期摊销。也就是说，无形资产摊销的开始月份为取得当月，摊销方法为直线法，摊销年限为无形资产的预计使用年限。

3.3.1.5　旧准则框架下无形资产资本化条件评析

针对我国 2001 年颁布的无形资产准则以及企业实施的具体情况，我国学者从准则评价的视角出发对于无形资产旧准则以及旧准则框架下企业无形资产的披露状况做了研究，他们认为，在旧准则框架下财务报表中的无形资产信息披露存在着以下几个问题。

第一，无形资产确认范围过于狭窄。由于准则的限制，以及无形资产必须要用货币计量，导致很多对企业发展起到重大作用的无形资产（比如人力资本和企业自创的无形资产）不能在财务报表中被确认，这就导致无形资产的账面价值和实际价值相差甚远，信息使用者低估企业的价值，对企业的经营无法形成正确的认识。

第二，企业无形资产投资所产生的研究开发支出不能资本化。在旧准则的框架下，企业的研究开发费用在发生时全部被计入当期损益，而不计入无形资产的成本，当开发成功时，已经被费用化的开发支出并不能被转回资产，只将相应的注册费用以及聘用律师的费用予以计入企业无形资产，这种处理方法从资产的确认上看无异于"丢了西瓜捡芝麻"（葛家澍，2002），企业资产的账面价值和实际相背离，此外，也会对当期的利润产生较大的影响，研究开发支出费用化会使企业本期的管理费用剧增，使当期利润受到严重影响。

第三，无形资产摊销方法存在着缺陷。在旧准则框架下，无形资产的摊销采用平均年限法。这种处理方法对于无形资产比重较小的工业时代是可行的，然而随着无形资产在企业中所起到的作用越来越大，无形资产种类的增多，这种"一刀切"似的摊销方法不适合会计的计量需要（王广庆，2004）。

第四，无形资产信息披露不充分。在旧准则框架下，资产负债表对无形资产的披露仅做一级科目要求，对于无形资产分类信息的披露未做严格要求，另外，无形资产报表附注也未对无形资产的附注信息、无形资产的开发费用做出明确的强制性披露要求，因此，无法给使用者提供充分完整细致的信息。

3.3.2 新准则框架下企业无形资产资本化的制度条件

在世界经济一体化和会计国际化潮流的背景下，为了提高我国无形资产信息披露的质量以及国际可比性，财政部于 2006 年 2 月颁布了《企业会计准则第 6 号——无形资产》，并定于 2007 年 1 月 1 日起在上市公司范围内实施。新准则多方面借鉴了《国际会计准则第 38 号——无形资产》，在定义、确认、计量以及摊销方面与 2001 年发布的《企业会计准则——无形资产》相比，均有较大的变动，这些变动主要体现在以下几个方面。

3.3.2.1　无形资产定义的变化

新准则规定，无形资产是指企业拥有或者控制的没有实物形态的可辨认性非货币资产。和旧准则相比，新准则更加强调无形资产的可辨认性以及企业对无形资产的拥有或者控制，对企业持有无形资产的目的则没有限制。此外，新准则在定义上不再把无形资产局限于长期资产，从而放低了无形资产带给企业受益年限的门槛。

3.3.2.2　无形资产核算内容的变化

根据新准则框架下无形资产的核算内容包括专利权、非专利技术、商标权、著作权、特许权、土地使用权等。和旧准则不同的是，旧准则规定企业合并过程中产生的商誉是不可辨认的无形资产，新准则和国际会计趋同更加强调无形资产的可辨认性。由于商誉是与企业整体价值联系在一起的，企业合并取得的商誉代表了购买方为不能单独辨认并独立确认的资产中获得预期未来经济利益而付出的代价，具有不可辨认性，所以无形资产新准则明确规定将商誉排除在无形资产之外。同时新准则和国际会计准则保持一致，规定内部产生的品牌、报刊名、刊头、客户名单由于不能单独确定成本而不应确认为无形资产。

3.3.2.3　无形资产的后续计量不同

和旧准则对无形资产摊销采用"一刀切"的平均摊销的做法相比，新准则区分使用寿命有限和使用寿命无限的无形资产，对使用寿命有限的无形资产通过估计其使用寿命的年限或者其他适合方式来确定摊销期限，对使用寿命不确定的无形资产不做摊销处理，只做减值测试。

3.3.2.4　无形资产明细的披露要求不同

旧准则对无形资产的明细披露并没有明确要求。新准则借鉴了国际会计准则的做法，要求企业在报表附注中披露包括期初期末账面余额、累计摊销额及累计减值损失、使用寿命有限的无形资产的寿命估计情况、摊销方法、计入当期损益和确认为无形资产的开发支出的信息。

财政部2006年颁布的无形资产新准则大量借鉴了国际会计准则对无形资产的规定，从而实现了无形资产会计处理上的国际趋同。然而，国际趋同并不是我国无形资产准则变更的最终目的，我国无形资产新准则的颁布旨在提高我国无形资产信息披露的质量。大量学者在对无形资产新旧准则进行对比的基础上，对新准则的一些措施进行了评价。

殷枫（2006）研究了2006年财政部颁布的新准则对研发费用有条件资本化的规定，并认为这一规定会改善高新技术企业的经营成果。同时，这些企业的资产结构也会发生变化，无形资产的价值将不断增加，有利于增强它们的市场竞争力。多数学者在对上述规定给予肯定的同时，也提出了一些担忧：研究与开发的不易划分以及满足资本化的条件弹性较大，给企业留下了更大的利润操纵的空间（王合喜、罗鹏，2006）。

葛家澍（2002）认为，旧准则框架下无形资产研究开发费用的全部费用化和新准则相比虽然在形式上缩小了管理当局会计政策的选择空间，但是其实却更可能导致管理当局相机进行无形资产投资，从而操纵各期的利润。企业的无形资产投资是企业的商业秘密，公司管理层完全掌握对外进行相关信息披露的时机，那么在管理者薪酬激励方案的影响下，管理者可能出于私利有选择地在某一年将研究开发支出费用进行披露，并且完全费用化。在旧准则下，开发支出完全费用化的结果导致了企业利润和费用化的无形资产研发支出按照100%的比例变化，而在新准则下无形资产开发支出的资本化处理，对利润的影响比例却只是$1/n$（n代表摊销年限）。因此，费用化和资本化都可能导致公司管理层进行利润操纵，"资本化"的利润操纵结果未必就一定比"费用化"的利润操纵的结果严重。此外，新准则下无形资产研发支出资本化使得大部分具有真实无形资产投资的企业能够通过资产负债表向外界披露企业无形资产的真实状况，但是旧准则下的无形资产研发支出的费用化却使大部分具有确定性的无形资产投资不能被确认为资产，这样就严重低估了企业的资产和经营利润。因此，在这个问题上，大部分的"对"比精确的"错"更为可取。

3.4 小 结

本章从无形资产的经济性质和价值相关性出发，阐明了财务报表只能反映企业部分无形资产的原因。财务报表中能反映出多少无形资产对于投资者正确地评估企业的价值以及投资者决策具有重要的意义，在对无形资产经济性质以及价值相关性分析的基础上，本章提出了无形资产资本化的概念，并对无形资产资本化程度进行度量。无形资产资本化程度反映了财

务报表对企业无形资产反映的充分程度，无形资产资本化程度越高，无形资产在财务报表中反映得越充分。由于无形资产资本化是一个具有制度特色的概念，本书对我国 2002～2009 年的无形资产资本化的制度条件进行分析，即比较了无形资产旧准则和无形资产新准则对企业无形资产在财务报表中的确认、计量，以及摊销的规定，并列举了一些学者对新旧无形资产准则的评价，从而为后文分析企业无形资产资本化和证券分析师盈余预测，以及无形资产准则变更对无形资产资本化与证券分析师盈余预测之间关联的影响奠定了基础。

第 4 章

证券分析师盈余预测
及其三个研究维度

证券分析师（security analyst）又称为财务分析师，是资本市场重要的信息媒介，一方面，分析师从公共信息市场搜集信息，并凭借自身优于一般投资者的信息收集途径和专业分析能力，形成对未来盈余的预测；另一方面，分析师把他们的盈余预测通过有偿或者无偿的方式提供给资本市场投资者，对投资者决策形成重要影响。因此，证券分析师已是投资者和上市公司之间的桥梁，证券分析师的盈余预测对公司管理层、投资者以及证券市场的效率都有着非常重要的意义，有关证券分析师盈余预测的研究也成为证券市场最为重要的五个研究话题之一（Beavor，2002）[①]。

本章从证券分析师的类型与职能出发，在明晰证券分析师盈余预测作用的基础上，介绍了证券分析师跟随、证券分析师盈余预测准确性、证券分析师盈余预测分散性这三个分析师盈余预测的研究维度及其影响因素，为后文研究企业无形资产资本化和证券分析师盈余预测之间的关系奠定了基础。

4.1　证券分析师的类型与职能

4.1.1　证券分析师的类型

证券分析师又称为财务分析师，是指专门向个人投资者或者投资机构

[①]　按照比弗（Beaver，2002）的评论，实证会计研究最重要的五个研究领域分别为市场效率问题、Feltham – Ohlson 模型、价值相关性研究、证券分析师行为研究以及会计操控性应计研究。

提供证券投资分析意见并指导其进行投资的人士。证券分析师有广义和狭义之分。广义上是指证券分析人员，是指通过对有价证券投资价值的分析判断，以分析报告、报刊、书籍，或者投资讲座的形式向他人有偿或者无偿提供买卖有价证券的投资建议的证券咨询人员。广义证券分析师的范围比较宽泛，我们通常说的"股评家""股评人士"都可以纳入广义证券分析师的范围。狭义的证券分析师是指有一定的职业标准、分析能力、工作方式和职业道德，并且要经过严格考试才能执业的专业人士。这些证券分析师通常受雇于经纪公司、投资银行或者投资机构，其主要任务是对特定证券、公司和行业进行全面的研究，并将研究结果形成研究报告作为其投资建议的依据。本书研究的证券分析师是指狭义的证券分析师，狭义的证券分析师是资本市场最为专业的分析人士，代表着证券市场最为专业和最为先进的证券分析力量，狭义的分析师会定期发布盈余预测，其盈余预测数据会被记录到数据库之中。

　　根据证券分析师研究报告的用途，证券分析师可以分为买方分析师、卖方分析师两类。买方分析师（buy-side analyst），他们主要受雇于共同基金、养老基金、保险公司等投资理财机构，这些机构通过投资证券获得资金增值回报。受雇于该机构的分析师的研究报告主要供投资机构内部使用，因此称其为"买方分析师"。卖方分析师（sell-side analyst）一般受聘于经纪公司和投资银行，他们的研究报告往往免费对外公开发布，通过吸引机构或个人投资者购买其承销的股票或通过其所属的公司进行证券交易来提高公司的收入，因此，称之为"卖方分析师"。鉴于卖方分析师的研究报告是可以免费公开获得的，其对投资者尤其是中小投资者的影响最大。因此，本书的分析主要是针对卖方分析师而言的。

4.1.2　证券分析师的职能

　　尽管证券分析师可以分为不同的类型，不同类型的证券分析师的任务也不可能完全一致，但证券分析师的职能基本相同，主要包括收集信息、分析评价、投资建议，与上市公司、投资者和监管部门沟通。

4.1.2.1　收集信息

　　证券市场是一个信息流动的市场，信息对证券市场的价格发现和价格均衡具有直接作用，也是投资者决策的主要依据。哈耶克（1948）认为，任何资源配置都是特定决策的结果，而人们做出的任何决策都是基于给定的信息。因此，证券市场的核心问题就在于如何对信息制造、信息传递、信息运用以及信息反馈做出一个合理的制度安排。证券市场信息是指一切能够以不同强度直接或间接影响证券价格的因素和事件，主要包括如下几个方面：（1）政府监管部门发布的信息；（2）上市公司公开披露的信息，如公司财务报告、新闻发布会等；（3）非公开的信息，如证券分析师通过其私人渠道获得的信息；（4）第二手资料或间接来源，如新闻媒体报告或中介结构的报告等。

虽然证券市场日益规范化，信息披露制度日益完善，但这对于投资者而言，并不一定意味着使用信息和投资决策能力的提高。随着社会经济活动的全球化、多元化以及复杂化，相关的财务信息和统计数据的解读和分析越来越复杂，对信息使用者的专业化要求越来越高，由于投资者的专业水平参差不齐，并不一定能从纷繁复杂的报告中有效地获取对其投资有效的信息。另外，由于投资者缺乏充分的信息来源，即便没有成本费用的限制，可能也不知道该从哪里获得所需的信息。而证券分析师一般受聘于经纪公司，有着特定的专业背景，在经纪公司的支持下，可以持续地收集相关的公司行业信息。证券分析师一般通过阅读公开信息、公司新闻发布会和到公司进行走访等多种途径收集信息。

4.1.2.2　信息分析与预测

在收集信息的基础之上，证券分析师对上市公司的信息进行分析，并形成盈余预测和投资建议，这是证券分析师的核心职能。证券分析师的分析主要包括宏观经济分析、行业分析、财务分析、市场与股票运行特征分析等[①]。（1）宏观经济分析；宏观经济与证券市场有着密切的关系，宏观经济的发展状况直接影响着证券市场的走势，证券市场也是宏观经济的一种表现形式，有宏观经济"晴雨表"之称。因此，证券分析师首先要研究宏观经济的基本面，为把握证券市场的走势奠定基础。一般来说，宏观经济环境主要包括国家经济的运行情况、对外贸易状况以及财政、货币、税收政策等。（2）行业分析；由于上市公司都有一定的行业背景，整个行业的发展状况和前景对该行业的上市公司尤为重要。行业分析的内容主要包括商业周期、上下游行业的发展趋势、该行业在国际市场中的竞争地位及

---

① 　这部分内容参考了刘超：《基于行为金融学的中国证券分析师行为研究》，天津大学 2006 年博士学位论文。

行业内主要竞争对手的经营、管理机制等。（3）公司财务分析；公司财务信息分析的内容主要包括上市公司公开披露的财务报表，如上市公司年报、半年报和季报等，通过一定的分析程序和方法，对公司过去以及现在的经营情况、财务状况有一个定量的了解，并通过这种定量分析来判断公司未来的经营情况，从而对公司未来的盈余以及股价做出预测。（4）市场与股票运行特征分析；证券市场与股票的运行具有一定的特点和规律，许多投资分析理论就是根据市场与股票历史运行的特点，总结规律，分析其未来趋势。这种分析就是研究市场与股票的历史行情，根据投资分析理论，寻找市场与股票的运行规律，进而推测市场与股票未来的趋势和方向。以上前三点属于基础分析，后一点属于技术分析。

调查分析只是投资的第一步。由于投资是一项极为复杂且风险甚大的活动，只向投资者提供相关的投资信息，而不向其提供明确的投资指导，在很多时候不能满足投资者的需求。证券分析师通常在分析的基础上形成对公司的盈利状况、现金流量、股票价格、长期成长性等重要的指标做出预测。从而把证券分析师的分析汇集成一个数量结果，投资者可以直接利用这个数量化的结果作为投资决策的依据。因此，证券分析师的盈余预测是一个"抽翻化简"的信息分析和信息综合的过程。

4.1.2.3 投资建议

证券分析师的第三项工作内容就是提出投资建议。在对公司重要的指标形成预测的基础上，证券分析师运用各种经济理论和模型，并结合其他因素（如投资者的实力、投资意图、风险偏好、税收考虑等），形成对某一特定股票是买入、卖出或是持仓观望或者组合投资等投资建议。一般而言，证券分析师所提供的投资建议通常不会基于某一个特定的投资者，而是根据市场上投资者的平均水平给出。证券分析师的投资建议只能告诉大家如何去回避市场风险，而不能代替投资者去承担市场风险。

4.1.2.4 与投资者、上市公司和监管部门沟通

证券分析师是证券市场与投资者之间的桥梁和纽带。证券分析师收集信息，分析预测目的是为投资者服务，只有与投资者进行沟通，才能更好地了解投资者的信息需求，使投资分析更能符合投资者的需要。同时，上市公司是证券分析师收集信息的重要渠道，只有与自己分析研究的上市公司建立稳定、长久的沟通关系，才能获得翔实的资料，为正确

做出分析预测提供保证。此外，监管机构是证券分析师的监督部门，只有与监管部门进行沟通，才能了解主管部门有关的监管政策，并对监管部门的相关问题处理表达意见。同时，证券分析师作为与投资者沟通和交流较多的专业人员，反映投资者的呼声，提出对策性建议，也是证券分析师的职责之一。

4.2 证券分析师盈余预测的作用与意义

证券分析师的作用被认为是利用其对公开信息上的分析优势（宏观经济分析、行业分析及公司财务分析）以及信息渠道资源优势（利用其自身的关系，获得未公开或者半公开状态的信息），将信息分析结果从私有信息状态转化为市场公开状态，最终影响资本市场投资者决策、促进市场有效定价并增进证券市场的资源配置效率（金雪军、蔡健琦，2003）。证券分析师盈余预测的作用与意义可以通过证券分析师盈余预测对会计信息获取、投资者决策、资本市场定价效率三个方面的影响得以体现。

4.2.1 证券分析师盈余预测对投资者有效获取财务信息的影响

首先，证券分析师的财务信息解读功能有效地将财务相关信息传递给投资者。投资者是资本市场的主体，然而由于资本市场信息不对称、上市公司财务信息解读的专业性要求以及投资者自身时间、精力和知识的限制，投资者并不能直接地从企业财务信息披露中获取有效的信息。即使上市公司的财务报告已经对企业的经济状况进行充分的披露，大多数投资者也不一定理解财务报告究竟反映了怎么样的经济实质并将引起怎样的股价波动。为了获得更为可靠并且相关的会计信息，投资者不得不求助信息解读专家——证券分析师。证券分析师一方面通过其专业和技术优势可以对企业财务报告进行正确的解读；另一方面，分析师可以通过调研以及其他信息渠道来甄别上市公司披露的财务信息是否贴近事实，对噪声信息和不可靠的信息披露予以剔除。此外，财务信息只是对经济活动的反映而不是经济活动本身，纷繁的财务信息在大多数投资者来说只是一堆没有意义的数字，投资者关心的并不是所有的财务信息，而是对他们投资最具有影响的信息。证券分析师的分析可以起到"抽繁化简"的作用，把纷繁的财务数据加工成投资者直接可用的决策信息。

其次，证券分析师的盈余预测为投资者提供了财务报告本身未有的信息增量。财务报告计量的是企业在过去一段时间内经营活动的历史信息。然而，由于股价是企业未来现金流入的现值，为了在交易中获利，投资者更需要有关企业未来经营状况的预测信息。由于现行财务体系中自愿披露的政策导向使得上市公司不倾向于披露管理层的盈余预测，而且即使是管理层会发表盈余预测，其发表的盈余预测质量也让投资者甚为堪忧，因此证券分析师的盈余预测成为投资者重要的决策依据。

此外，在投资者和企业之间起到纽带作用的分析师比企业更了解投资者的需求，通过和企业的有效沟通，证券分析师会进一步将投资者的需求反馈给企业，从而使上市公司更有针对性地改善自身财务信息披露。因此，证券分析师盈余预测间接地使得财务信息由单向流动向双向流动进行转变，形成良性循环。

4.2.2　证券分析师盈余预测对投资者决策的影响

正是由于分析师对公共信息的分析优势（宏观经济分析、行业分析，以及公司分析）以及其私人信息渠道的资源优势，投资者非常重视股票经纪人和分析师的意见（Baker and Haslem, 1973），资本市场对分析师的盈余预测以及盈余预测修正有着强烈的反应（Francis and Soffer, 1997），即证券分析师的盈余预测具有信息含量。

戴米让克斯、斯通和沃克（Demirakos, Strong and Walker, 2004）的研究表明，绝大部分的分析师都是用简单的 P/E 乘子而不是复杂的估值模型来得到他们对于股价的预测。因此，证券分析师盈余预测是证券分析师股价预测以及股票推荐的重要的决定性因素。大量的研究表明，证券分析师的持股建议在一般水平上可以让投资者获得高于市场平均水平的收益。沃姆艾克（Womack, 1996）分析了 20 世纪 90 年代早期大投资银行的分析报告，发现分析师所推荐的股票在其盈余预测发布后有显著的价格运动，投资者根据分析师的盈余预测制定交易战略极有可能获利。林翔（2000）、朱宝宪和王怡凯（2001）的研究表明，我国证券分析师具有一定的盈余预测能力，如果投资者根据证券分析师盈余预测而做出短期投资决策，可以获得超过市场平均水平的收益。由此可见，证券分析师的盈余预测对投资者决策以及获利水平有着重要的影响。

4.2.3   证券分析师盈余预测对证券市场的影响

证券分析师盈余预测使一些信息从私有状态转化为市场公开状态，最终降低了公司内部管理层和外部投资者之间的信息不对称程度，优化了资本市场的资源配置（Schultz and Zirman，2001）。同时，证券分析师的盈余预测和管理层的盈余预测互相竞争、互相牵制，在一定程度上防止了管理层提供较差的盈利预测信息，使得两种预测之间形成了良性互动，从而给投资者创造了更好的信息环境。公司内部和外部信息不对称程度的降低使得投资者对企业投资的不确定性有所下降，投资者在谈判中的定价能力得以提高，因此防止了投资者因为信息劣势而采取降低买价而提高卖价的交易补偿性行为，从而促进了资本市场的流动性，提高了证券市场的效率。

同时，证券分析师盈余预测的非理性也能给资本市场带来不利的影响。富勒和詹森（Fuller and Jensen，2001）认为，分析师过度乐观的盈余预测会对公司管理层造成一定的压力，这种压力将迫使经理人采取危险的战略和投资行为，从而给公司的经营造成极大的风险。米勒（Miller，2002）指出，美国商业媒介和证券监管部门一致认为美国20世纪互联网泡沫的产生和证券分析师过于乐观的盈余预测有着一定程度的关联。正是由于证券分析师过于乐观的预测误导了投资者，从而造成了互联网泡沫的堆积。

由此可见，证券分析师的盈余预测是资本市场有效定价的重要力量，其发布的信息对证券市场的价格形成、投资者行为，以及资本市场的资源配置都有着重大的影响。

4.3   证券分析师盈余预测的三个
研究维度及其影响因素

证券分析师盈余预测反映了企业在预测期间可能达到的营业收入、利润总额以及每股收益等信息，因此，证券分析师的盈余预测能够帮助投资者、债权人以及其他利益相关团体评价企业未来现金流入，从而做出恰当的投资决策。然而，证券分析师并不对所有的企业都进行预测，而是有选择性地对行业中的一些上市公司进行分析。因此，证券分析师首先要做出的决策就是选择哪些公司来进行分析和预测。在深入研究证券分析师盈余预测行为产生的各种结果之前，研究证券分析师会对选择什么样的公司进行预测十分重要，因此证券分析师跟随是本书研究证券分析师盈余预测的第一个研究维度。此外，谷和吴（Gu and Wu，2003）指出，证券分析师盈余预测有两个特征：一个特征是证券盈余预测的准确性，另一个特征是证券分析师盈余预测的分散性。这两个特征是市场评价证券分析师盈余预测的主要依据。因此，本书把证券分析师盈余预测的准确性和证券分析师盈余预测的分散性作为本书研究证券分析师盈余预测的另外两个维度。综上所述，证券分析师跟随、证券分析师盈余预测的准确性、证券分析师盈余预测的分散性是证券分析师盈余预测研究最重要的三个维度，本节将分别对这三个研究维度及其影响因素进行介绍。

4.3.1 证券分析师跟随行为及影响因素

证券分析师跟随是指一个公司是否会有证券分析师以及有多少证券分析师对其进行盈余预测，通常情况下，证券分析师跟随可以用一段时间内对某公司进行盈余预测的分析师人数或者盈余预测的次数来衡量。证券分析师跟随人数越多，对公司进行预测的次数越多，说明上市公司越受证券分析师的关注。由于证券分析师盈余预测可以给公司财务报告信息带来信息增量，通常有证券分析师跟随的企业通常来说会比没有证券分析师跟随的企业的有着更低程度的信息不对称，更高的信息披露质量，更低的资本成本。那么决定证券分析师盈余预测是否对一家企业进行跟随的因素有哪些呢？具备哪些特征的公司会赢得证券分析师的青睐？大量研究表明，证券分析师跟随与以下一些因素密切相关。

4.3.1.1 证券分析师的预测收益和预测成本

理性经济人假说告诉我们，资本市场的任何参与者都是"逐利"的，他们的任何行为、任何决策都是出于自身利益最大化的考虑。证券分析师是资本市场中的一员，他们在决定是否对一家企业进行预测的时候，也必然考虑到对企业进行跟随能给其带来的收益。证券分析师跟随一家公司最主要的目的和收益在于挖掘被市场"低估"的公司形成投资建议，并把这种建议传递给投资机构或者投资者而从中获取报酬。证券分析师盈余预测的成本在于为了得出预测结果和投资建议所需要花费的时间成本、分析成本，以及通过其私人信息渠道与公司管理层维护良好沟通关系的成本等。通常情况下，证券分析师盈余预测的收益和成本都与被预测公司的财务信息质量密切相关。被预测公司的财务信息质量越高，公司内部和外部的信息不对称程度越低，该公司被市场"低估"的可能性越小，证券分析师的获利空间越小。同时，被预测公司的财务信息质量越高，证券分析师对其财务报告进行分析所需要花费的时间和精力就越少，对其私人信息渠道的依赖性就越小，因此对该公司进行盈余预测所花费的总体成本就越少。

4.3.1.2　证券分析师盈余预测服务的需求和供给

在证券市场上，证券分析师扮演的是为投资者提供信息服务的角色，也就是说，证券分析师的信息服务本身也是一种商品。在微观经济学中，任何一种商品的供给都是由需求和价格所决定的，证券分析师的盈余预测服务也不例外。证券分析师是否提供盈余预测也是由投资者的需求所决定的，而投资者的需求受到上市公司自身财务信息披露质量的影响，如果上市公司财务信息披露的质量较高，并且投资者能够通过自身的努力解读信息，那么他们就不必花钱去购买证券分析师的报告，对证券分析师的预测服务的需求也就越少，分析师盈余预测的价格越低，从而导致证券分析师对该公司的预测的动机就越小。

4.3.1.3　盈余持续性和盈余可预测性因素

大量的研究表明，证券分析师跟随和公司盈余的持续性与可预测性密切相关。如果企业盈余的持续性较高，对其进行盈余预测的难度较小，证券分析师对此类企业进行预测所花费的成本相对较少，因此，分析师更喜欢跟随具有平滑盈余的公司（Previts et al.，1994）。同时由于盈余可预测性较高的企业，投资者即使是不通过证券分析师盈余预测也能比较了解企业的状况，因此对证券分析师预测需求减少，证券分析师预测人数与盈利可预测性负相关（Branson and Pagach，2005）。

4.3.1.4　公司成长性因素

一个公司以及一个行业的成长性对证券分析师跟随有着重要的影响。成长性高的公司或者行业意味着更有可能获得高于一般行业或者公司的超额利润，证券分析师对其跟随可能会挖掘出更好的投资机会并从中获利。

因此，成长性较好的公司，分析师跟进人数较多（Charles，1989）；一个行业越具成长性，该行业的信息相对越容易获得，分析师更倾向于对这些行业的公司进行预测（O'Brien and Bhushan，1999）。

4.3.1.5 公司规模、交易量及股票价格因素

实证研究表明，公司的规模对证券分析师盈余预测有着较大的影响，公司规模越大，公司信息披露的渠道就越多，公司信息更容易获得，并且规模大的公司通常在行业内处于领先位置，通常公司的盈利前景就越好。因此，证券分析师更愿意跟随规模较大的公司。此外，公司股票的交易量和收益波动率也会影响证券分析师的盈余预测，股票交易量和收益波动率大，说明有着更多的市场关注和更大的风险，获得超额收益的可能性也较大，市场投资者对该家公司预测的需求增多，因此有更多的分析师对这样的公司进行关注（Rich，2007）。布莱纳和胡适斯（Brennaand hughes，1991）发现，证券分析师跟随与公司股票价格显著相关，公司的股价越高，对该公司进行预测的证券分析师人数越少，其原因可能在于股票价格越高的企业，其价格上升的空间就越小，分析师的获利机会就越小。

4.3.2 证券分析师盈余预测的准确性及影响因素

证券分析师盈余预测的误差是指证券分析师预测的每股收益和公司实际每股收益之间的差额，预测误差越小，证券分析师盈余预测的准确性越高[①]。证券分析师盈余预测的准确性具有重大的研究意义，根据瓦茨、吉姆曼（Watts and Zimmerman，1986）和史魄（Schipper，1991）等人的分析，证券分析师的盈余预测的准确性可以运用到以下几个重要的领域。

4.3.2.1 证券定价领域

几乎所有的估值模型都直接或者间接用到盈利预测，比如未来净现金折现模型需要估计企业未来的净现金流量，而通常我们用证券分析师的盈余预测来间接代替企业未来现金流量的预期，因此，证券分析盈余预测是

---

① 在实证研究中，对证券分析师预测的 EPS 值比企业实际 EPS 值高还是比实际 EPS 低并不做区分，也就是说对证券分析师盈余预测的误差不做方向上的考虑，只做数量上的考虑，因此，实际中通常是用证券分析师盈余预测的误差的绝对值来衡量分析师盈余预测的准确性。

否准确关系到估值模型的最终结果。

4.3.2.2　盈余信息含量领域

在实证会计研究中，未预期盈余与异常报酬率之间的关系反映了市场对会计盈余做出的反应，因此是研究盈余信息含量的重要手段。一般来说，如果企业实际盈利大于市场预期盈利，即未预期盈利大于零，企业股价就会上升，即异常报酬率大于零，如果企业实际盈利小于市场预期盈利，即未预期盈利小于零，企业股价就会下跌，即异常报酬率小于零；而且未预期盈利的绝对值越大，异常报酬率的绝对值也就越大。由于市场预期盈利无法直接获得，研究人员必须依赖于盈余预测而取得最优的市场预期盈利的替代变量。因此，证券分析师盈余预测的准确性关系到盈余信息含量的衡量。

4.3.2.3　市场信息领域

证券分析师是证券市场中最为专业的信息搜集和信息分析专家，证券分析师的盈余预测本身在资本市场中就是一种非常重要的信息。由于公司公开信息尤其是公司的年度财务报告是证券分析师最重要的信息来源，因此，证券分析师盈余预测是否准确反映了财务报告使用者对公司财务信息披露的反应，对证券分析师盈余预测准确性的研究可以用来作为观察公司市场对公司财务信息披露的反应。

4.3.2.4　会计准则变更领域

会计准则变更的目的在于提高财务报告信息对信息使用者的相关性和有用性。财务信息的相关性主要是指财务信息有利于信息使用者评估企业价值并且对企业未来的盈利形成预测。由于证券分析师是财务报表最直接和最专业的使用者，证券分析师盈余预测的准确性能够反馈出会计准则变更是否增强了财务信息对报告使用者的有用性。

总之，由于证券分析师的盈余预测可以更好地代表投资者的"市场预期"，证券分析师盈余预测是否准确间接地衡量了资本市场投资者对经济事件、信息披露、准则变更等因素的反映，为观察投资者对事件、信息以及准则等因素的反馈提供了一个可计量的测度标准。此外，证券分析师盈余预测是否准确直接影响投资者的决策效果，从而影响了资本市场的资源配置。剔除证券分析师自身的主观因素①，影响证券分析师盈余预测的客

---

①　由于本书主要研究的是外界对证券分析师的影响，因此对于证券分析师处于自身获利的动机、自身预测能力等分析师自身因素不做探讨。

观因素主要有以下几点。

（1）公司规模因素及上市时间因素。分析师盈余预测的准确程度与分析师所在的证券公司的规模密切相关。规模大的证券公司有更多可利用的私人资源，并且能吸引业内经验最丰富的分析师，因此，证券分析师盈余预测也更准确（Jacobe et al.，1999）。此外，分析师盈余预测的准确程度与被预测公司的规模也有密切的联系，被预测公司的规模越大，分析师预测误差越小，因为规模大的公司往往具有更多的信息披露渠道，分析师可以获得更多的信息（Dowen，1989）。布朗（1997）、克鲁斯等（Kross et al.，1990）的研究也证实了公司规模和分析师盈余预测准确性的正相关关系。

此外，上市时间长短也会影响证券分析师的盈余预测的准确性，新上市的公司为了同分析师建立联系和引起机构投资者的注意，会更愿意主动提高一些私有信息（Albrecht et al.，1977）。

（2）行业及跨国经营因素。在关于分析师预测准确度的研究中，行业常被纳入考虑的影响因素之列。显然，稳定行业中公司的盈余相对比较容易预测，而变动因素较多的行业则增加了分析师预测的难度。卡布斯塔芙等（Capstaff et al.，2001）发现，相对于交通及消费耐用品部门，分析师对公共事业及医疗卫生单位的预测更准确。帕茨（1989）的研究表明，分析师对大型重工业的盈利预测比对消费品行业的预测更加困难。此外，克莱门特（1999）发现，分析师跟随的公司数量越多，预测的准确度越低；只关注特定公司或行业的分析师能做出更为准确的盈余预测。跨国经营因素也会影响证券分析师盈余预测的准确性，瑞海布卡欧艺（Riahi - Belkaoui，1995）的研究表明，分析师对跨国经营公司的预测误差偏大。

（3）盈余构成、盈余可预测性以及盈余变动性因素。实证研究结果表明，证券分析师盈余预测与企业盈余构成，盈余状况、盈余可预测性以及盈余变动性密切相关。首先，从公司是否亏损的角度上来看，亏损公司比盈利的公司具有更大的风险和预测难度，进而分析师盈余预测的误差较大（Dowen，1996）。其次，从盈余构成和盈余的可预测性的角度来看，公司的盈余可预测性越好，分析师盈余预测的准确性越高。如果公司的利润中非经营性利润的比重较大，那么这种盈余的持续性越差，公司未来的盈余具有更大的不确定性，分析师预测的准确程度越低（Das et al.，1998）、伊姆斯和格落瓦（Eames and Glover，2003）。此外，马特克斯和瓦特（Matolcsy and Wyatt，2006）研究发现，公司经营不确定性越高，分析师盈余预测的准确程度越低。

（4）公司财务信息质量因素。既然财务信息披露是证券分析师盈余预测最重要的信息依据之一，那么公司财务信息披露必然会影响证券分析师盈余预测的准确程度。布朗、海哲曼、格瑞芬和子米杰斯卡（Brown，Hagerman，Griffin and Zmijewski，1987）通过数学模型分析得出如下结论，分析师盈余预测和公司披露信息质量负相关，即公司信息披露质量越高，分析师盈余预测越准确。兰德姆（1991）、吉姆和威瑞起亚（Kim and Verrecchia，1994；1997）的研究也都表明了高质量的财务披露信息降低了分析师搜集信息和整理信息的难度，节省了大量的时间和精力，从而有助于分析师为投资者提高更加准确的盈余预测。白雅德和邵（Byard and Shaw，2003）的研究表明，信息披露质量的提高不仅显著改善了分析师获取的公共信息的精度，而且也显著提高了分析师获取私人信息的精度，因此，高质量的财务信息披露使得证券分析师盈余预测的总体精度得到提高。郎和兰德姆（1996）针对美国市场的研究发现，上市公司整体信息披露质量越高，证券分析师盈余预测的准确性越好。

（5）股票价格因素。公司证券的交易量和收益波动率大公司，说明有着更多的市场关注和更大的风险，以及更多的市场不确定性。布莱纳和胡适斯（1991）发现，股票价格、股票收益率、交易量与分析师盈余预测的影响，结果发现，分析师盈余预测的准确程度与股票价格负相关。其原因可能在于股票价格或者交易量波动较大往往会给证券分析师的盈余预测带来更多的不确定性，从而影响了分析师预测的准确程度。

4.3.3　证券分析师盈余预测的分散性及影响因素

证券分析师盈余预测的分散性是指多个证券分析师之间预测的 EPS 值之间的差异程度，它反映了证券分析师群体之间的意见分歧和证券分析师的整体对公司未来盈余的不确定性。通常是以多个分析师之间预测的标准差来衡量。

由于证券分析师的盈余预测通常会影响投资者决策，因此，分析师盈余预测的分散性是衡量投资者分歧程度和不确定程度的一个重要的代理变量。由于投资者之间的分歧程度会提高交易量，分析师盈余预测的分歧程度通常被认为和信息事件前后的交易量变化有关。近年的研究发现了一个奇怪的情况，如果分析师盈余预测的分歧较大，那么股票回报率通常为负。那么分析师预测的分歧程度就成了一个风险衡量的指标（Diether et al.，2002；Johnson，2004）。白亚德和邵（2003）认为，证券分析师盈余预测的分布可以反映证券分析师对公有信息和私有信息的依赖程度。证券分析师盈余预测的分散性越大，证明其对公有信息的依赖越弱，对私有信息的依赖越强。影响证券分析师盈余预测分散性的因素主要有以下几方面。

4.3.3.1　盈余的构成以及盈余的可预测性因素

公司亏损，或者公司经营不确定性越高，公司盈余的可预测性越差，证券分析师所面临的预测不确定因素就越多，证券分析师就更可能依靠他们通过私人渠道所获得的信息。由于不同的证券分析师具有不同的渠道，因此，证券分析师盈余预测之间的分散程度就越大，证券分析师之间就存在更多的分歧（Matolcsy and Wyatt，2006）。

4.3.3.2　会计准则的影响

由于证券分析师盈余预测的分散性和证券分析师群体的不确定性有关。会计准则等一系列规则的变更会使证券分析师一时难以完全适应，从而导致证券分析师之间预测分歧的增大。拜丽等（Bailey et al.，2003）发现，分析师之间的预测分歧在《公平披露信息条例》[①]（regulation of fair disclosure）执行之后开始增大，这表明《公平披露信息条例》增加了公共信息的供给量，但是同时也增加了对分析师提出了更专业的要求。

4.3.3.3　财务信息披露质量

财务信息披露质量是影响证券分析师盈余预测的重要因素。霍普（Hope，2003b）表明，会计政策披露和证券分析师盈余预测的偏差以及分析师盈余预测的分歧差负相关，这表明，会计政策披露降低了分析师对盈余的不确定性。郎和兰德姆（1996）发现，分析师盈余预测的分歧程度和年报财务信息披露质量呈反比关系。即年报信息质量高，分析师之间盈余预测的分歧就越小。拜伦、卡尔和欧科菲（Barron，Kile and O'Keefe，1999）发现，随着上市公司财务信息披露质量的提高，分析师盈余预测的准确程度提高，分析师盈余预测的分散程度随之降低。

[①]　2000 年 8 月 10 日美国证券与交易委员会（SEC）通过了《公平披露条例》旨是要求各发行人向全社会公开披露具有实质意义的信息，而不是像过去那样进行选择性的披露。

4.3.3.4 股票价格因素

公司证券的交易量和收益波动率大公司，说明有着更多的市场关注和更大的风险，以及更多的市场不确定性。布莱纳和胡适斯（1991）发现，股票价格、股票收益率、交易量与分析师盈余预测的影响，结果发现，分析师盈余预测的分散程度与股票收益率波动负相关。其原因可能在于股票收益率波动或者交易量波动较大往往会给证券分析师的盈余预测带来更多的不确定性，从而使他们的预测分歧增大。

4.4 小　　结

证券分析师是联结投资者和上市公司的桥梁和纽带，他们在证券市场的主要作用在于利用其公开信息上的分析优势（宏观经济分析、行业分析及公司财务分析）以及信息渠道资源优势（利用其自身的关系，获得未公开或者半公开状态的信息），将信息分析结果从私有信息状态转化为市场公开状态，最终影响资本市场投资者决策、促进市场有效定价并增进证券市场的资源配置效率。

证券分析师的盈余预测是资本市场有效定价的重要力量，其发布的信息对证券市场的价格形成、投资者行为以及资本市场的资源配置都有着重大的影响。首先，证券分析师的财务信息解读功能有效地将财务相关信息传递给投资者。其次，证券分析师的盈余预测为投资者提供了财务报告本身未有的信息增量。此外，证券分析师的盈余预测间接地使得财务信息由企业到投资者的单向流动向企业和投资者之间的双向流动进行转变，形成信息流动的良性循环。

证券分析师盈余预测研究可以分为三个维度，他们分别是证券分析师跟随、证券分析师盈余预测准确性、证券分析师盈余预测分散性。证券分析师盈余预测跟随是证券分析师对预测成本和预测收益综合权衡的结果，是研究证券分析师盈余预测准确性和分散性的前提。证券分析师盈余预测的准确性对投资者决策以及整个证券市场定价以及资源配置都有着重要的影响，因此，是衡量财务报告对证券分析师预期影响的最重要的测度，可以更好地捕捉投资者的预期和实际的差距，是证券分析师盈余预测研究的核心。证券分析师盈余预测的分散性衡量了分析师之间的意见分歧，从而衡量了整个证券分析师群体对公司未来盈利的不确定性，同时间接地反映了证券分析师对企业进行盈余预测时所依赖公共信息和私人信息的比例，描述了证券分析师盈余预测的分布。

无论是证券分析师盈余预测跟随、证券分析师盈余预测准确性还是证券分析师盈余预测分散性，这三个证券分析师盈余预测的研究维度都与财务信息披露的质量密切相关。

第 5 章

企业无形资产资本化对证券
分析师盈余预测的影响机理

在对财务信息披露的基本理论、企业无形资产资本化的制度背景以及证券分析师盈余预测三个研究维度有了初步了解的基础上，本章从分析企业无形资产资本化对财务信息披露质量的影响、财务信息披露质量对证券分析师盈余预测的影响出发，分析了无形资产资本化、财务信息质量与证券分析师盈余预测之间的影响传导，从而证明了企业无形资产资本化与证券分析师盈余预测之间存在理论上的耦合关系，在明晰了企业无形资产资本化对证券分析师盈余预测在理论上存在合理的影响关系的基础上，本章进一步研究了企业无形资产资本化将会对证券分析师盈余预测的三个研究维度（证券分析师预测跟随行为、证券分析师盈余预测的准确性、证券分析师盈余预测的分散性）有怎样的影响。此外，由于不同类型的无形资产具有不同特征，对企业的贡献也不尽相同，本章进一步研究了企业不同类型的无形资产资本化"是否"会对证券分析师跟随、证券分析师盈余预测的准确性、证券分析师盈余预测的分散性造成不同的影响，以期能够对企业无形资本化对证券分析师盈余预测的影响机理予以全面、深入的揭示。

在理论分析的基础上，本书选取 2007～2009 年[①]所有 A 股上市公司为研究对象，对企业无形资本化与证券分析师盈余预测跟随、证券分析师盈余预测准确性、证券分析师盈余预测分散性的影响进行了实证分析。此外，为了考察企业无形资产构成对证券分析师盈余预测的影响，本书采用手动收集数据的方式，从样本公司财务报表附注中收集了企业不同类型无

[①]　由于无形资产资本化是一个具有强烈制度背景特色的概念，因此在样本选择时要注意到使所有的样本处于单一的无形资产准则的框架之下，从而抛除制度因素对结果的影响。我国于 2007 年 1 月开始执行无形资产新准则，因此本章以新准则执行之后的时间段为样本选择期间。

形资产的信息，并将根据其特征分为权力型无形资产和技术型无形资产进行实证检验。实证检验的结果和本书理论分析的预期结果相符合。

5.1　企业无形资产资本化与证券分析师盈余预测的耦合

一个科学的理论的诞生需要经历"发现来龙去脉"和"证明来龙去脉"之间的多次反复。"发现来龙去脉"是科学研究的源泉和基础，如果没有坚实的理论支撑，实证上的归纳即使不是不可能，也是不成功的（波普，1965）；"证明来龙去脉"则是为了确保"发现"的假说遵循科学方法论，检验假说最有效的方法就是检验其解释现象的能力[①]（布劳格，1980）。

前人的研究思想告诉我们，要想研究两个事物之间的关联，就必须首先找到其在理论研究上的契合点。企业无形资产资本化和证券分析师盈余预测这两个表面看来并不相关的名词之间是否在理论上存在合理的相关性就成为研究无形资产资本化和证券分析师盈余预测之间关联的前提。之前的财务研究的文献间接地证明了无形资产信息披露与财务信息披露质量之间，以及财务信息质量与证券分析师盈余预测之间存在密切的关联。本书在对传统文献进行传承的基础上，从无形资产资本化对企业财务信息披露质量的影响、财务信息披露质量对证券分析师盈余预测的影响这两个理论角度出发，分析了企业无形资产资本化、财务信息质量与证券分析师盈余预测之间的影响传导渠道，从而搭建了企业无形资产资本化与证券分析师盈余预测之间的理论耦合。

5.1.1　无形资产资本化对企业财务信息披露质量的影响

当今社会正在从工业时代向信息时代过渡，知识经济的来临使得产品和劳务中物质的比重不断下降，技术和信息的比重不断上升，企业要素的重心逐渐从有形资产转移至无形资产。戴尼克洛斯基（Dzinkowski，2000）的统计结果表明，企业对有形资产的投资从过去的50%将降低到10%，

---

① 此段译文引自邵红霞：《我国上市公司无形资产价值相关性研究》，复旦大学2007年博士学位论文。

但是对无形资产的投资将从 50% 提升至 90%。在竞争全球化与经济结构发生变动的背景下，企业将对无形资产进行更多的投资。正如罗德菲格（1997）所说，当今社会的经济价值和财富不再是物质要素生产的结果，而是基于无形资产的创造。

随着无形资产重要作用的日益凸显，资本市场中以知识和技术为基础的无形资产密集性企业的比重迅速增加，企业对无形资产信息及时、有效的披露就显得尤为重要。有关企业无形资产的信息披露成了投资者、证券分析师、债权人、评估结构，以及金融中介关注的重点。然而，财务报告的发展却并未能跟上时代的步伐。传统的财务计量体系从稳健性原则出发，不倾向于将企业全部的无形资产反映在资产负债表中，导致了绝大部分的符合无形资产定义并对企业价值创造做出重大贡献的无形资产（比如，人力资本和企业自创的无形资产）不能在企业的财务报表中得以体现；与无形资产相关的研究开发费用以及企业其他重要的无形资源则几乎从财务报表中神秘地"蒸发"了。这种做法导致的后果就是企业大量的无形资产无法在资产负债表中得以反映，财务报告中的净资产很难真实、充分地反映企业的资产情况，企业财务信息披露的相关性与可靠性受到了质疑。列弗和泽若闻（1999）的研究表明财务报表信息价值相关性的减弱与近年来无形资产强度的不断增加有很大关系，导致财务信息有用性不断恶化的罪魁祸首之一就是当前的财务报告中无形资产信息披露的不充分。

无形资产信息披露是企业财务信息披露的一个重要的组成部分，随着无形资产对企业价值创造作用的不断加大，无形资产密集性企业的比重迅速增加，无形资产披露的充分程度必将对财务信息披露的整体质量和财务信息披露的经济后果有着重大的影响。这种影响主要体现在以下几个方面。

第一，无形资产信息披露越不充分，财务报表的账面价值和市场价值的差距就越大，财务信息披露对投资者的反馈价值和预测价值受到损坏。由于大量给企业价值创造有巨大作用的无形资产不能反映在资产负债表中，企业资产被严重低估。可口可乐和微软是世界排名前两位的最有价值的品牌，根据美国商业周刊 2016 年报道，他们的品牌价值分别为 731.02 亿美元和 727.95 亿美元，然而这些体现企业价值的重要数字在可口可乐公司和微软公司的财务报表上却毫无体现。这种状况造成财务信息披露不能如实、可靠、完整地反映企业的经济实质，投资者不能对企业价值进行正确的评估，更谈不上对企业未来收益进行有效预测，因此，财务信息的相关性受到质疑。

第二，无形资产信息披露越不充分，财务报表中的资产以及利润信息越扭曲，从而违背了财务信息披露对企业经济状况如实反映的可靠性原则。企业无形资产投资所产生的研究开发支出通常被计入费用而不计入资产，一旦研发成功，计入财务报表中的无形资产只有律师费用或者注册费用，这些边际成本和研究开发支出相比只是九牛一毛，财务报表对无形资产的反映可谓是"捡了芝麻，丢了西瓜"。这种做法不但会低估了企业的资产，而且对于有巨额研发支出的企业来说，利润由于研发费用的计入会产生巨额下降。那么财务报表中的净资产信息以及利润信息都将被扭曲，财务信息披露如实反映企业经济实质的目标就成了一句空话。

第三，无形资产信息披露越不充分，管理者利用无形资产信息披露进行利润操纵以及非公平交易的可能性就越大，财务信息披露对管理者道德风险行为的约束功能受到削弱。由于是否进行无形资产投资以及无形资产投资会产生多大的研发支出是企业的商业秘密，管理层完全掌握对外进行相关信息披露的时机，这就导致了管理当局有可能处于个人私利的考虑（比如管理者补偿激励方案和企业当期的利润挂钩，或者和股价挂钩），有选择地进行无形资产披露，从而达到了操纵企业利润的目的。

第四，无形资产信息披露越不充分，企业内部和外部之间的信息不对称程度越大，财务信息披露降低投资者之间信息不对称程度，从而降低企业资本成本的功能就越差。由于无形资产信息披露不足，投资者不能通过企业的财务报告了解企业的真实状况，因此在不确定性增大的情况下，投资者对企业的投资采取保守和谨慎态度，这就导致了企业融资难度增大，资本成本增加。

第五，无形资产信息披露越不充分，财务信息披露的信号功能越弱，投资者无法根据企业财务信息来甄别公司的优劣。拥有大量无形资产并具有巨大潜力的公司不能通过财务报表向投资者传达公司的优势，从而导致投资者因为信息不对称不能选择有潜力的公司作为投资对象，财务信息披露优化证券市场资本配置的功能无法得以实施。

第六，无形资产信息披露越不充分，内部人通过不公平交易获得超额利润的可能性就越大，从而破坏了财务信息披露公开、公平、工作的原则、挫伤了投资者对资本市场公开公平交易的信心、导致资本市场交易量萎缩，财务信息披露的最终目标——促进资本市场资源配置就无法得以实现。

综上所述，无形资产信息披露的充分程度对财务信息披露质量有着重大的影响。毋庸置疑的是，企业财务报告中确认的无形资产相对于未在企业财务报告中确认的无形资产的比例越高，该企业无形资产信息披露就越充分。这个简单的逻辑引出了一个计量企业财务报表对无形资产披露的充分程度的指标——无形资产资本化程度。无形资产资本化程度的数学表达式如下：

$$无形资产资本化程度 = \frac{无形资产在企业资产负债表中的确认价值}{企业无形资产的总体价值}$$

企业无形资产的资本化程度是衡量企业财务报表对无形资产信息披露的充分程度的重要指标。无形资产资本化程度越高，企业财务报表对无形资产信息披露的充分程度越大，无形资产信息的不对称程度越小。在美国财务会计委员会（FASB）归纳的财务报告质量的评估框架①的基础上，本书把企业无形资产资本化对财务信息披露质量的影响用图 5 – 1 来表示。

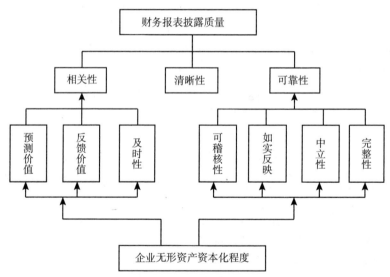

图 5 – 1　企业无形资产资本化程度对财务报表质量的影响

---

①　1980 年，美国财务会计准则委员会（FASB）公布了《会计信息的质量特征》，提出相关性和可靠性是衡量财务信息质量的两个标准。相关性是指可以帮助投资者在决策中评估企业过去、现在或者将来的现金流量的信息（预测价值），这些信息可以使得投资者更为确定或者更改他们原来的估计（反馈价值），并导致决策的差异。相关性是由"预测价值""确认价值"和"及时性"三个次级质量所组成。可靠性是指企业应当以实际发生的交易为依据进行会计确认、计量和报告，如实地反映符合确认和计量要求的各项会计要素和信息，保证会计信息真实可靠，内容完整。可靠性具有四个次级质量特征，其分别为可稽核性、如实反映、中立性及完整性。

由图5-1可见，企业无形资产资本化程度越低，无形资产信息披露越不充分，投资者评估整个企业价值以及对企业未来状况做出预计的难度就越大，企业财务报告的预测价值、反馈价值就越低，财务报表信息的相关性就越差；同时，无形资产信息披露不充分将会低估企业的资产或者利润，加大企业管理者操纵企业利润的空间，损坏了财务报表披露如实反映原则和中立性原则，财务报表信息的可靠性就越差。由于相关性和可靠性是衡量财务信息质量的世界公认标准（FASB，1980），因此，无形资产的资本化程度会影响企业财务信息披露的质量。无形资产资本化程度越高，财务信息披露质量越好，无形资产资本化程度越低，财务信息披露质量越差。

5.1.2　财务信息披露质量对证券分析师盈余预测的影响

资本市场是一个信息流动的市场，财务信息披露是整个资本市场信息流动链条中最为重要的一环，财务信息披露的主要作用[①]在于帮助投资者进行投资项目甄别（project identification）、约束管理者侵害投资者利益（governance role）、降低投资者之间的信息不对称程度（information symmetry mitigation），从而达到为投资者决策提供依据，促进资本市场资源配置的最终目标。

财务信息披露是资本市场信息流动链条的起点，投资者是信息流动链条的终点。通常情况下，我们会想当然地认为，企业对财务信息进行披露之后，投资者就可以迅速地从财务报告中有效地获取和投资决策有关的信息，即财务信息从信息链条的起点（企业）直接流向信息链条的终点（投资者）。然而，事实并非如此。尽管投资者是资本市场的主体，但是由于资本市场信息不对称、上市公司财务信息解读的专业性要求以及投资者自身时间、精力和知识的限制，投资者并不能从日渐复杂的财务信息披露中直接获取有效的信息。此外，财务报表反映的是企业一段时间内经营的历史成果，但是投资者更为关注的是企业未来的信息，为了获得更为真实、可靠，以及更具前瞻性的财务信息，投资者不得不求助于财务信息解读专家——证券分析师。

证券分析师是资本市场重要的信息媒介，是资本市场财务信息流动链条中联结信息链条起点（企业财务信息披露）和信息链条终点（投资者）

---

① 参考 Bushman. R，A. Smith，Financial Accounting Information and Corporate Governance. *Journal of Accounting and Economics*，Vol. 32，2001，pp. 237 – 333.

的重要一环。一方面，分析师从公共信息市场采集信息，经过加工处理形成盈余预测；另一方面，分析师把盈余预测有偿或者无偿地传递给投资者，成为投资者决策的重要依据。证券分析师盈余预测的作用与意义在于：（1）证券分析师的财务信息解读功能有效地将财务相关信息传递给投资者，并为投资者提供财务报告中未有的预测信息。（2）证券分析师盈余预测具有信息含量，对投资者决策具有重要的影响。（3）证券分析师的盈余预测提高了投资者在谈判中的定价能力，促进了资本市场的流动性，提高了证券市场的效率。

从证券分析师在财务信息流动链条中发挥的作用来看，证券分析师既是财务信息的需求者，又是财务信息的供给者。首先，由于企业强制披露的财务信息对于分析师来说既具有较大的可靠性又没有成本，因此上市公司发布的财务信息，尤其是财务年度报告是证券分析师最重要的信息来源（Buzby，1974；Benjamin and Stanga，1977；Schipper，1999）等大量对分析师的问卷调查都证明了这一结论。另外，由于投资者的专业背景参差不齐，不能有效地解读公司财务信息报告，因此投资者依赖证券分析师为他们提供的直接投资建议，而不重视企业的财务报表（Baker and Haslem，1994）。这样，证券分析师就成为财务信息最直接、最主动、最为专业、也是最不容易察觉的使用主体。其次，证券分析师是财务信息的供给者，他们综合了对公共财务信息披露的解读和从私人渠道获取的私人信息形成盈余预测，并把这种经过加工之后具有信息增量的预测通过有偿或者无偿的方式传递给财务信息流动链条的终端——投资者，并影响投资者的决策，从而影响了证券市场资源配置效率。正是由于证券分析师兼备了财务信息需求者和财务信息提供者的双重身份，财务信息披露监管部门（FASB，1990）和大量的学者（如Kripke and Baillie，2002）提出财务信息披露的服务重心应该从全体投资者转向证券分析师，广大投资者会通过证券分析师的信息传递功能而间接受益。

由于证券分析师是资本市场上财务信息最直接、最主动、最为专业的使用主体，上市公司的财务信息披露是证券分析师盈余预测最重要的信息来源，公司财务信息披露的质量必然会影响证券分析师盈余预测结果。对证券分析师盈余预测的衡量有三个标准，他们分别是：分析师盈余预测跟随、分析师盈余预测的准确性、分析师盈余预测的分散性。因此，财务信息披露的质量会影响证券分析师跟随、证券分析师预测的准确性以及证券分析师盈余预测的分散性，并最终影响了投资者决策和证券市场资源配置。

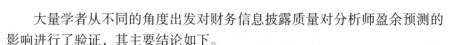

大量学者从不同的角度出发对财务信息披露质量对分析师盈余预测的影响进行了验证，其主要结论如下。

5.1.2.1　财务信息质量对证券分析师跟随行为的影响

证券分析师并不是对所有的公司都进行盈余预测，他们选择行业中的一些公司来分析，然后对这些公司做出盈余预测。郎和兰德姆（1996）用 FAF 评级①作为上市公司信息披露的透明度的衡量指标，研究了公司披露透明度和证券分析师跟随之间的关系。他们发现，分析师跟随人数和财务信息披露透明度正相关，分析师更倾向于对财务信息披露透明度高的公司进行预测。米娜于（Minna Yu，2007）用 T&D 指标②来衡量公司信息披露透明度，他们得出的结论与郎和兰德姆（1996）一致，再次证明了分析师偏好透明度好的公司。布什曼（Bhushan，1989）的研究表明，证券分析师是否会对一家企业进行盈余预测，取决于分析师要对跟随某家上市公司所要花费的信息搜集成本与对这家公司进行盈余预测所可能获得的收益进行权衡。而公司财务信息披露质量既会影响证券分析师的成本，也会影响证券分析师的收益，证券分析师的预测人数取决于预测成本和预测收益之间的权衡。

5.1.2.2　财务信息质量对证券分析师盈余预测准确性的影响

布朗、海格曼、格瑞芬和则米詹斯基（Brown，Hagerman，Griffin and Zmijewski，1987）通过数学模型分析得出如下结论，证券分析师盈余预测和公司披露的财务信息的质量负相关，即公司财务信息的质量越高，分析师盈余预测越准确。其原因在于高质量的财务信息披露降低了分析师搜集和整理信息的难度，节省了大量的时间和精力，从而有助于分析师为投资者提供更加准确的盈余预测。并且，财务信息质量的提高不仅显著地改善了分析师获取公共信息的精度，而且也显著提高了分析师获取私人信息的精度，从而从整体上提高了证券分析师盈余预测的准确程度（Byard and Shaw，2003）。

5.1.2.3　财务信息质量和复杂程度对证券分析师盈余预测分散性的影响

郎和兰德姆（1996）发现，分析师盈余预测的分歧程度和财务信息披

---

①　FAF 评级由是行业内部的分析师根据上市公司年报、季报披露的信息、投资者关系等内容，对上市公司的信息披露透明度进行综合评价。FAF 评级越高，上市公司的信息披露透明度越高。

②　T&D（transparency and disclosure rankings）指标是由 S&P 公司编制，主要以公司信息披露的数量为测度，来计算世界各地多家公司的信息披露得分。

露质量呈反比关系。财务信息披露质量越高，证券分析师之间盈余预测的分歧就越小。拜伦、凯尔和欧科菲（Barron，Kile and O'Keefe，1999）发现，随着上市公司财务信息披露质量的提高，分析师盈余预测的分散程度随之降低，证券分析师之间的预测分歧不断缩小。

为了更好地描述财务信息披露质量如何影响证券分析师的盈余预测，在布什曼和史密斯（Bushman and Smith，2001）的财务信息影响的经济效果图的基础上，本书把财务信息质量对证券分析师的影响用图 5-2 来反映：

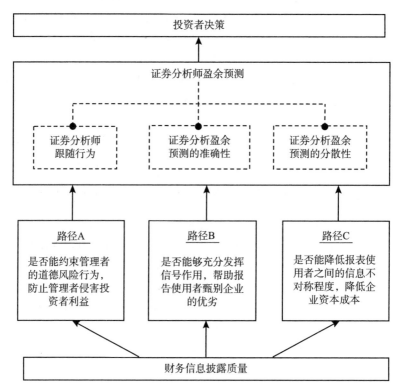

图 5-2　财务信息披露质量对证券分析师盈余预测的影响

由图 5-2 可见，财务信息披露质量的高低会影响财务信息披露发挥作用（减少信息不对称、帮助投资者更好的甄别好的企业、防止管理者出于私人动机损害投资者利益）的程度，从而对财务报告最直接的使用者——证券分析师的盈余预测（预测跟随、准确性、分散性）产生影响，并最终影响投资者的决策。

5.1.3 无形资产资本化、财务信息质量与证券分析师盈余预测之间影响的传导

由前文的研究可知，知识经济的到来和日益激烈的国际竞争使得企业资产构成发生重大变化。随着企业对无形资产投资的不断加大，无形资产信息在财务报表中变得格外重要，无形资产在财务报表中披露的充分程度（即无形资产资本化程度）对企业整个财务信息披露具有重大影响。企业无形资产资本化程度越低，无形资产信息披露越不充分，投资者评估整个企业价值以及对企业未来状况做出预计的难度就越大，企业财务报告的预测价值和反馈价值就越低，财务报表信息的相关性就越差；同时，无形资产信息披露越不充分，企业管理者操纵企业利润的空间也就越大，企业的资产或者利润越容易被扭曲，财务报表披露如实反映原则及中立性原则被损坏的程度越严重，财务报表信息的可靠性就越差。因此，无形资产资本化程度既会影响财务信息披露的相关性，也会影响财务信息披露的可靠性，由于相关性和可靠性是衡量财务信息披露质量的两个标准，因此，无形资产资本化程度会影响财务信息披露的整体质量。

财务信息披露的质量的高低会最终影响财务信息披露的经济结果。这个影响的过程是通过财务信息在资本市场的流动链条来完成的。企业的财务信息披露是财务信息流动链条的起点，投资者是财务信息流动链条的终点。然而，由于投资者自身时间、精力和知识的限制以及对未来信息的关注需要决定了财务信息并不能从企业直接传递到投资者手中并形成决策，财务信息需要经过财务信息流动链条中重要的中间环节——证券分析师才能有效地传递并且对投资者的决策产生影响。由于证券分析师是资本市场上财务信息最直接、最主动、最专业的使用主体，上市公司的财务信息披露是证券分析师盈余预测最重要的信息来源。因此，公司财务信息披露的质量必然会影响证券分析师盈余预测跟随行为、证券分析师盈余预测的准确性以及证券分析师盈余预测的分散性，并透过证券分析师的预测的结果对财务信息流动的终点——投资者的决策产生影响，从而影响了证券市场的资源配置。

综上所述，无形资产资本化程度既会影响财务报告的相关性，也会影响财务报告的可靠性，从而影响了财务报告的整体质量；由于上市公司的财务报告是证券分析师盈余预测最重要的信息来源，公司财务报告的质量对证券分析师盈余预测跟随行为、证券分析师盈余预测的准确程度、证券

分析师盈余预测的分散程度有着重要的影响。从以上结论我们不难发现，无形资产资本化、财务信息质量以及证券要分析师盈余预测之间的影响具有传导性：即无形资产资本化的程度影响了财务信息披露的质量，从而影响了证券分析师的盈余预测，并最终影响投资者的决策和资本市场资源配置效率。无形资产资本化、财务信息质量以及证券要分析师盈余预测之间的影响传导关系可以用图 5 - 3 来反映：

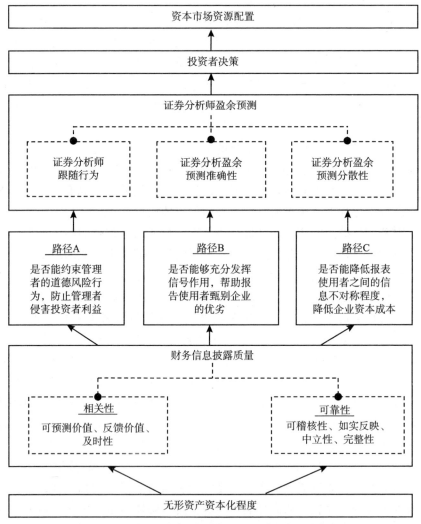

图 5 - 3 无形资产资本化、财务信息披露质量与
证券分析师盈余预测之间的影响传导

由图5-3可见，无形资产资本化程度、财务信息披露质量与证券分析师之间的影响传导为研究无形资产资本化程度与证券分析师盈余预测的关系提供了理论依据，从而实现了无形资产资本化与证券分析师盈余预测之间的理论耦合，为后文进一步分析无形资产资本化如何影响证券分析师跟随行为、证券分析师盈余预测的准确性、证券分析师盈余预测的分散性奠定了基础。

5.2 企业无形资产资本化对证券分析师盈余预测的影响分析

5.1节的理论分析描述了企业无形资产资本化与证券分析师盈余预测之间的理论耦合，明晰了企业无形资产资本化会对证券分析的盈余预测"产生影响"的理论路径。在此基础上，本节将进一步分析企业无形资产资本化程度将"如何影响"证券分析师的盈余预测。证券分析师盈余预测的研究可以分为证券分析师预测跟随、证券分析师盈余预测的准确性以及证券分析师盈余预测的分散性三个维度。其中，证券分析师跟随是研究证券分析师盈余预测的基础，证券分析师盈余预测的准确性和分散性是反馈证券分析师的信息解读以及信息处理的重要特征。本节从证券分析师盈余预测最重要的三个研究维度出发，全面地分析了企业无形资产资本化程度对证券分析师预测跟随、证券分析师盈余预测的准确性、证券分析师盈余预测的分散性的影响。

5.2.1 企业无形资产资本化对证券分析师跟随行为的影响

证券分析师跟随是指一个公司是否会有证券分析师以及有多少证券分析师对其进行盈余预测，通常情况下，证券分析师跟随可以用一段时间内对某公司进行盈余预测的分析师人数或者盈余预测的次数来衡量。证券分析师跟随人数越多，对公司进行预测的次数越多，说明上市公司越受证券分析师的关注。由于证券分析师盈余预测可以给公司财务报告信息带来信息增量，通常有证券分析师跟随的企业会比没有证券分析师跟随的企业的有着更低程度的信息不对称，更高的信息披露质量，更低的资本成本。那么决定证券分析师是否对一家企业进行跟随的因素有哪些呢？具备哪些特征的公司会赢得证券分析师的青睐？本书将从公司财务信息披露质量入手，从证券分析师盈余预测的收益、证券分析师盈余预测服务的供给以及证券分析师盈余预测的需求三个方面来描述证券分析师对其跟随行为的权衡，并最终提出企业无形资产资本化对证券分析师跟随行为的影响假设。

5.2.1.1 证券分析师跟随的收益假说

理性经济人假说告诉我们，资本市场的任何参与者都是"逐利"的，他们的任何行为、任何决策都是出于自身利益最大化的考虑。证券分析师是资本市场中的一员，他们在决定是否对一家企业进行预测的时候，也必然考虑到对企业进行跟随能给自己带来的利益。证券分析师跟随一家公司主要的收益在于通过挖掘被市场"低估"的公司形成投资建议，并把这种建议传递给投资机构或者投资者并从中获取报酬。通常情况下，被市场低估的公司都是由于财务信息披露的质量较低，公司内部和外部存在着严重的信息不对称。因此，从某种意义上来说，证券分析师盈余预测的收益和上市公司财务信息披露是"此消彼长"的关系。正是由于财务信息披露不够完美，才有了证券分析师生存和获利的空间。公司财务质量越低，信息不对称的现象越严重，公司被低估的可能性越大，分析师挖掘被低估公司所可能获得的收益就越大，分析师对该家公司进行跟随的动机就越强。

无形资产是企业最重要的经济资源，公司无形资产的多少代表着公司未来发展的潜力和优势。然而，无形资产也是最容易被市场低估的资源。公司内部对无形资产信息的保密动机以及财务会计准则的限制，无形资产很难在财务报表中充分体现，这就恰好给了证券分析师挖掘被市场低估公司的机会。公司所拥有的未被财务报告所反映的"潜在的无形资产"越多，财务信息披露的质量就越差，证券分析师就越有动机去跟随并且进一步挖掘公司的价值（Barth，Kasznik and McNichols，2000），公司所拥有的"潜在的无形资产"越少，被披露的无形资产信息越多，财务信息披露的质量就越高，该公司被市场低估的可能性就越小，证券分析师挖掘被市场低估的公司并从中获利的空间就越小，证券分析师对该家公司进行跟随的动机就越弱。因此，公司财务报表对无形资产披露的充分程度，即无形资产资本化程度会影响证券分析师对公司跟随的动机。财务报表披露的无形资产占公司整个无形资产价值的比例越低，即公司无形资产资本化程度越低，证券分析师对该公司进行跟随的动机越大；反之，证券分析师对该家公司进行跟随的动机就越小。

5.2.1.2　证券分析师预测服务的需求和成本对跟随行为的影响假说

在证券市场上，证券分析师扮演的是为投资者提供信息服务的角色，也就是说，证券分析师的信息服务本身也是一种商品。在微观经济学中，任何一种商品的供给都是由需求和价格所决定的，证券分析师的盈余预测服务也不例外，证券分析师是否提供盈余预测也是由投资者对其服务的需求所决定的。投资者对证券分析师的服务需求受到上市公司自身财务信息披露质量的影响，如果上市公司财务信息披露的质量较高，投资者就能够通过自身的努力解读信息，那么他们就不必花钱去购买证券分析师的报告。有关证券分析师盈余预测服务的供给与需求，希利和帕莱布（Healy and Palepu，2001）设计了一个关于证券分析师盈余预测服务的市场，本书借助他们的研究框架，从盈余预测的供给和需求的角度解释无形资产资本化程度对证券分析师跟随影响，见图 5-4。

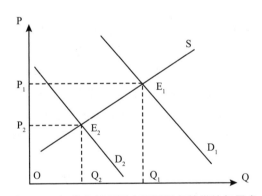

图 5-4　证券分析师盈余预测服务的供给与需求

图 5-4 的横轴 Q 代表证券分析师盈余预测服务的供给数量，本书用证券分析师对公司进行盈余预测的人数（或者盈余预测的次数）来衡量。纵轴 P 代表证券市场对证券分析师盈余预测服务的定价。当上市公司无形资产信息披露的充分程度提高，公司的财务信息披露质量得以提高，投资者无须付费就可以从上市公司的财务信息披露中得到充分的信息，并能轻易地形成对公司未来盈利的预测，因此，投资者对证券分析师的有偿信息服务的需求就会下降，分析师盈余预测需求曲线就会向左

移动，从 D_1 移到 D_2，从而导致证券分析师盈余预测服务的价格从 P_1 下降到 P_2。证券分析师盈余预测价格的下降使得证券分析师的收益减少，因此证券分析师盈余预测服务的供给从 Q_1 减少到 Q_2，这就说明公司无形资产信息披露程度越充分，证券分析师对该公司的盈余预测次数越少。

综合以上对证券分析师跟随公司的收益假说以及对证券分析师盈余预测服务的成本收益假说的分析，本书提出如下假设：

假设 5 – 1：企业无形资产资本化程度与证券分析师跟随负相关。

5.2.2 企业无形资产资本化对证券分析师盈余预测准确性的影响

证券分析师盈余预测的准确性是指证券分析师预测的公司每股收益①（EPS）对公司实际每股收益的偏离程度，每股收益的预测值与每股收益的实际值之间的偏差越小，证券分析师的盈余预测越准确。由于上市公司发布的公开信息，尤其是上市公司年度财务报告报，是分析师盈余预测最重要的信息来源（Schipper，1991），公司财务信息披露的质量对证券分析师的盈余预测的准确性会产生关键性的影响。高质量的财务信息披露会提高证券分析师盈余预测的准确程度，其原因在于高质量的财务披露信息降低了分析师搜集信息和整理信息的难度，节省了分析师大量的时间和精力，并且信息披露质量的提高不仅显著地改善了分析师获取的公开信息的精确度，而且也显著提高了分析师获取的私人信息的精确度，从而从整体上提高了证券分析师盈余预测的准确程度（Byard and Shaw，2003）。郎和兰德姆（1996）针对美国市场的研究发现，上市公司整体信息披露质量越高，证券分析师盈余预测的准确程度越高。此外，证券分析师盈余预测准确性不仅和公司财务信息披露的整体质量有关，大量研究发现，财务报表中的单项信息的财务信息披露也能对证券分析师盈余预测的准确性产生影响（Barron，Kile and O'Keefe，1999；Bowen，Davis and Matsumoto，2002）。

---

① 证券分析师对公司的盈余预测包括对公司每股收益的预测、对公司经营现金流入的预测以及对公司净利润的预测，其中每股收益预测是分析师盈余预测中最为重要的指标，绝大部分的文献对证券分析师盈余预测的研究都是基于每股收益的考察，跟随之前的文献，本书也采用证券分析师对公司的每股收益的预测来代表证券分析师的盈余预测。

　　无形资产是企业财务报告的重要组成部分，无形资产信息在财务报表中反映的充分程度和财务信息质量密切相关。无形资产信息披露的充分程度越高，财务信息的相关性越好，财务信息就越能反映企业的经济实质，证券分析师就能更为容易地从企业财务信息披露中挖掘到有利于预测的信息。分析师无须动用大量的私人资源，花费大量的时间和精力去企业进行调研以及和公司管理层进行沟通就能充分了解企业的经营情况，分析师盈余预测的难度大大降低，从而导致盈余预测误差下降，盈余预测的准确程度得以提高。拜伦（Barron，2002）、戴莫斯（Demers，2002）的研究表明，分析师对拥有大量未在财务报表中确认的无形资产的企业进行盈余预测通常会产生较大的误差，这就说明企业在财务报表中未确认的"潜在无形资产"越多，即企业无形资产资本化程度越低，证券分析师盈余预测的误差越大，证券分析师盈余预测的准确程度越低。

　　此外，大量的研究表明，企业的无形资产和企业未来的盈利密切相关。相比固定资产，无形资产对企业主营业务利润的正面作用持续期更长（薛云奎、王志台，2001b），无形资产与企业未来的业绩显著相关（Ritter and Wells，2004；王化成、卢闯和李春玲，2004）。因此，无形资产资本化程度较高的企业和无形资产资本化程度低的企业相比，具有更大的盈余可预测性，这也是证券分析师对企业未来盈余的预测的准确程度提高的一个重要原因。

　　综上所述，本书提出如下假设：

　　假设 5 - 2：企业无形资产资本化程度与证券分析师盈余预测误差负相关。

5.2.3　企业无形资产资本化对证券分析师盈余预测分散性的影响

　　证券分析师盈余预测的分散性是指多个证券分析师预测的每股收益之间的差异程度，它反映了证券分析师之间的意见分歧和证券分析师群体对公司未来盈余的不确定性。

　　证券分析师进行盈余预测的信息来源分为公开信息和私人信息，其中公开信息是免费的资源，并且由于证券市场存在信息监管部门，上市公司发布的公开信息对证券分析师来说是成本最低，但是是确定性最高的信息。公司的财务信息披露，尤其是上市公司年度财务报告，是分析师盈余预测最重要的信息来源（Schipper，1991）。公司财务信息披露质量的高低决定了证券分析师对公开信息和私人信息的依赖程度。当公司公开披露的财务信息质量较低，即使证券分析师有高超的分析师技能，但是也由于"巧妇难为无米之炊"，很难通过公司公开披露的财务报告获取有用的信息，因此证券分析师需要依靠他们的私人信息进行盈余预测。由于分析师获取私人信息的渠道不同，私人信息的质量也参差不齐，这就导致了分析师盈余预测的分散性增大（Lang and Lundholm，1996；Barron，Kim，Lim and Stevens，1998）。无形资产信息披露的充分程度是公司财务信息披露质量的一个重要影响因素。无形资产在财务报表中被反映得越充分，公司财务信息披露的质量就越高，证券分析师对财务报表的使用程度就越高，对会导致意见分歧的私人信息的使用程度就越小，分析师之间盈余预测的分散程度有所降低。反之，无形资产信息在财务报告中披露不充分的情况下，证券分析师对财务报告的使用程度减弱，分析师更加依靠自身获取的私人信息来进行盈余预测，因为分析师的私人信息来源并不相同，分析师所掌握的私人信息差异导致了分析师盈余的分歧程度增大（Barron，Byard，Kile and Riedl，2002a）。

此外，由于无形资产能给企业带来超额收益（Olshon，1995），无形资产通常被认为是与企业未来的盈利密切相关的经济资源（Ritter and Wells，2004）。因此，无形资产在公司财务报告中被披露得越充分，证券分析师对企业未来盈余的确定性就越强，证券分析师的盈余预测越准确，证券分析师盈余预测之间的离散程度就得到了有效地降低。因此，本书提出如下假设：

假设 5 - 3：企业无形资产资本化程度与证券分析师盈余预测的分散性负相关。

5.3 企业不同类型的无形资产资本化对证券分析师盈余预测的影响

通过 5.1 节和 5.2 节的分析可知，基于无形资产对企业价值创造和核心优势塑造的重要作用，无形资产信息披露对证券分析师盈余预测具有重要的影响，即无形资产信息在财务报表中披露的充分程度会影响证券分析师跟随行为、证券分析师盈余预测的准确性、证券分析师盈余预测的分散性。然而，无形资产是一个范围广阔的概念，虽然它们都是不具有实物形态，使用价值确定，能为企业使用并带来长期收益的经济资源，但是由于这些资源的存在形式、获取方式以及使用性质上具有差异，因此，对企业的价值创造和价值驱动具有不同的影响和贡献。邵红霞、方军雄（2006）的研究表明，不同类型的无形资产信息具有不同的价值相关性，即股价对不同类型的无形资产信息会有不同的反映，从而验证了投资者对企业不同类型的无形资产的看法是有差别的。既然不同类型的无形资产具有不同的价值相关性，那么财务报表中不同类型的无形资产信息对证券分析师的盈余预测是否会有不同的影响？这就为本书进一步探讨不同类型的无形资产资本化对证券分析师盈余预测的影响，打开无形资产研究的"黑箱"提供了动机①。

本节对我国 A 股上市公司财务报表中的无形资产的明细分类进行统计，根据无形资产对企业价值创造的不同贡献把狭义无形资产（财务报表中的无形资产）分为权力型无形资产和技术型无形资产，并在此基础上对企业不同类型的无形资产资本化是否会对证券分析师跟随、证券分析师盈余预测的准确性以及证券分析师盈余预测的分散性有着不同的影响提出假设。

5.3.1　我国财务报告中的无形资产分类

无形资产（狭义无形资产）是指企业拥有或者控制的没有实物形态的可辨认的非货币性资产，根据我国无形资产会计准则（《企业会计制度——6 号无形资产》，2006），财务报告中可以核算的无形资产主要包括土地使用权，特许经营权、其他各类使用权、专利权、非专利技术、商标权、著作权和其他无形资产。其定义分别如下：

（1）土地使用权：指的是国家准许某企业在一定期间内对国有土地享有开发、利用、经营的权利。根据我国土地管理法的规定，我国土地实行公有制，任何单位和个人不得侵占、买卖或者以其他形式非法转让。企业取得土地使用权的方式大致有以下几种：行政划拨取得、外购取得、投资者投入取得等。

---

① 邵红霞、方军雄（2006）指出，由于现行的大部分有关无形资产的研究，都把企业的无形资产视为一个整体，并未对不同类型的无形资产进行分类研究，因此并未打开无形资产研究的"黑箱"。

（2）特许经营权：特许权，又称经营特许权、专营权，指企业在某一地区经营或销售某种特定商品的权利或是一家企业接受另一家企业使用其商标、商号、技术秘密等的权利。连锁店分店使用总店的名称等。

（3）专利权：是指国家专利主管机关依法授予发明创造专利申请人对其发明创造在法定期限内所享有的专有权利，包括发明专利权、实用新型专利权和外观设计专利权等。

（4）非专利技术：也称专有技术。它是指不为外界所知、在生产经营活动中已采用了的、不享有法律保护的各种技术和经验。非专利技术一般包括工业专有技术、商业贸易专有技术、管理专有技术等。

（5）商标权：商标是用来辨认特定的商品或劳务的标记。商标权指专门在某类指定的商品或产品上使用特定的名称或图案的权利。商标权包括独占使用权和禁止权两个方面。

（6）著作权：又称版权，指作者对其创作的文学、科学和艺术作品依法享有的某些特殊权利。著作权包括两方面的权利，即精神权利（人身权利）和经济权利（财产权利）。

从财务报表中的无形资产的分类来看，无形资产种类繁多，构成复杂。大量学者从无形资产的特征和贡献出发，研究了无形资产的分类，其中对土地使用权和技术类无形资产的关注最为普遍。国外的会计制度把土地视为固定资产，本质上与机器、厂房等固定资产一样是企业必要的生产要素。而在我国，由于我国公有制的经济制度，任何单位和个人不得侵占、买卖或者以其他形式非法转让，土地使用权在目前的中国仍然是一种非常稀缺、珍贵而且不能随意获取的资源，土地所有权对经营业绩的影响应当高于实物资产（薛云奎、王志台，2001b），因此，在我国土地使用权被划入无形资产是恰当的。大部分学者认为，无形资产的经济价值在于它可以产生超额利润，而这种超额盈利的能力主要来自能够产生竞争优势的技术性无形资产，技术性无形资产和其他无形资产的区别在于能够创造出对手难以模仿的竞争优势、拥有法律保护的进入壁垒，以及给企业带来垄断利润（邵红霞、方军雄，2006）。

本书认为，是否能够创造出对手难以模仿的竞争优势、是否拥有法律保护的进入壁垒、是否有助于垄断地位的确立"不足以"区别技术型无形资产和其他无形资产。因为在我国公有制的特殊国情下，土地所有权以及其他的特许经营权等权力型无形资产其实更具有"垄断性"，防止其他企业进入的不是法律壁垒而是更为坚硬的"制度壁垒"，拥有权力类无形资产的企业能在一种不公平的状况下获得其他企业不能获得的竞争优势，从而更能创造出超额利润。本书从投资者对财务信息所反映的收益和风险的视角出发，把财务报表中的无形资产（即狭义无形资产）分为权力型无形资产和技术型无形资产，并将两者的差异归纳如下：

第一，取得的方式和风险不同。土地使用权、特许经营权等权力型无形资产的获得只能通过行政划拨、购买，或者转让的方式从企业外部获得，并且如果企业没有取得该项权力资产，就不必付出成本。而技术型无形资产可以通过自行开发的方式获得，通常情况下，企业自行研究开发的技术型无形资产更具创造力，世界上一流的生产企业无一不对无形资产的研究和开发进行大力投入，然而这种投入具有很高的风险，一旦项目开发失败，所有研究投入可能成为沉没成本，所有的资金和投入都将"颗粒无收"，因此，相比于技术型无形资产，权力型无形资产的取得的风险性更小、更具确定性。

第二，取得后的扩容能力和延续性不同。企业一旦取得权力型无形资产，就不需要进行大量的投入予以维护，企业只需行使使用权就可以获得使用效用，并且这种效用的范围对于企业来说比较固定，不会因为企业自身的努力就可以对权力型无形资产进行扩容，产生更多的权力型无形资产；而技术型无形资产在取得后，可以通过企业的努力对其不断进行更新和升级，使其效用发挥更具扩容能力和延续性。

第三，给企业带来收益的稳定性不同。权力型无形资产给企业带来的收益相对比较固定，而技术型无形资产即可以在原来的基础上进一步进行研究开发从而给企业带来更大的收益，同时也有可能因为市场激烈的竞争而遭到淘汰，不能再给企业带来收益。因此，技术型无形资产给企业带来的收益往往具有风险性和不稳定性。

第四，会计处理对企业盈利造成的影响不同。由于技术型无形资产需要不断投入研发费用才能不断地更新升级，而现行的会计准则规定对公司研究开发采取有条件资本化的政策。即把无形资产的投资过程分为研究和开发两个阶段，对于研究阶段产生的支出计入管理费用，对于开发阶段产生的支出则计入资产，因此，技术型无形资产的研发费用的处理对企业的当期盈余造成重要的影响。而权力型无形资产由于不需进行研究开发，因此，对企业盈余的影响比较稳定。

综合以上四点差异，本书把我国财务信息披露体系中的无形资产分为两类：权力型无形资产和技术型无形资产。其中，权力型无形资产包括土地使用权、特许经营权和其他使用权；技术型无形资产包括专利权、非专利技术、商标权、软件以及其他无形资产①。

5.3.2 我国无形资产在财务报表中的结构统计

从 5.2 节可知，无形资产种类繁多，这就给无形资产信息披露造成了一定的困难。薛云奎、王志台（2001）根据 1995～1999 年度披露的无形资产构成统计发现，我国上市公司披露的无形资产名称已经达到 100 多种。由于我国 2007 年 1 月开始实施的无形资产新准则对无形资产核算范围有了较大的改动（原有的商誉等一些无形资产被排除在外），并且对企业无形资产明细的信息进行了规范，本书在新准则的框架下搜集了 2007 年我国 A 股上市公司无形资产报表附注信息，在大样本的范围下对拥有无形资产的企业的无形资产结构构成进行统计，统计结果见表 5-1。

从表 5-1 可以看出，无形资产在我国上市公司中存在普遍，截至 2007 年 12 月 31 日，在财务报告中反映无形资产的企业共有 1161 家，占全部上市公司总数（1651 家的 70.32%）我国上市公司主要的无形资产是以土地所有权（占无形资产总额的 84.29%）为主的权力型无形资产（占无形资产总额的 90%），披露权力型无形资产的公司占整个披露无形资产信息公司的 93.88%。同时，与薛云奎、王志台（2001b）② 的 33.8% 的披露技术型无形资产的比例相比，2007 年披露技术型无形资产的公司数占整个公司的比例（78.72%）有了很大提高，这说明我国技术型无形资产在公司中扩展迅速，但是技术型无形资产占无形资产价值总额的比例仍然偏低（只有 19.68%）。从我国无形资产结构构成看，权力型无形资产和技术型无形资产在我国无形资产比重仍然差异明显，这也为本书进一步分析不同类别的无形资产资本化对证券分析师盈余预测的影响提供了理论依据和动机。

---

① 为了方便对无形资产的大类划分，本书把其他无形资产归于技术类无形资产，因为通常情况下所有权类的无形资产比较容易划分，企业通常不知道该如何归类的无形资产都和技术类无形资产有关。此外，披露其他无形资产在我们的样本中只有 124 家，不会对分类的总体结果产生影响。

② 参见薛云奎、王志台：《无形资产信息披露及其价值相关性研究——来自上海股市的经验证据》，载《会计研究》2011 年第 11 期，第 40～47 页。

表5-1 截至2007年12月31日我国企业财务报表中的无形资产结构*

无形资产类别	均值（万元）	中位数（万元）	标准差	公司数（家）	公司数百分比（%）	占资产负债表中无形资产的比重（%）
土地使用权	21237	4650	116071	1067	91.90	84.29
特许经营权	22490	1662	102436	174	14.90	36.97
其他使用权	2016	179	5773	106	9.10	16.39
权力型无形资产汇总	24575	5025	131275	1090	93.88	90.00
专利权	1957	120	11780	122	10.50	9.14
非专利技术	1920	344	7999	353	30.40	18.74
商标	2240	50	12079	166	14.29	8.18
软件	1013	59	7369	705	60.72	11.72
其他无形资产	5760	67	41203	124	10.68	5.16
技术型无形资产汇总	2973	173	23431	914	78.72	19.68
确认的无形资产汇总	25413	5246	140230	1161	100	100

注：*权力型无形资产汇总＝土地使用权＋特许经营权＋其他使用权；技术型无形资产汇总＝专利权＋非专利技术＋商标＋软件＋其他无形资产；公司数的百分比＝披露该类无形资产的公司数/当年披露无形资产构成的公司总数；无形资产的百分比是指在具有该种无形资产的所有公司的此项无形资产占该公司财务报表中无形资产总额比重的均值。

资料来源：本书搜集了CSMAR数据库中的财务报表附注信息，并其进行手动分类整理。

5.3.3 不同类型的无形资产资本化对证券分析师盈余预测的影响

尽管无形资产都不具有实物形态，使用价值确定，能为企业使用并带来长期收益的经济资源，但是这些资源由于存在形式、获取方式以及使用性质上具有差异，因此对企业的价值创造和价值驱动具有不同的影响和贡献。之前的研究发现，不同类型的无形资产对公司主营业务毛利率和主营业务利润率的贡献有很大的不同。土地使用权和特许经营权是非高新技术公司主营业务毛利率和主营业务利润率的主要贡献源泉（邵红霞，2006）。此外，从市场反应来看，不同类型的无形资产具有不同的价值相关性，土地使用权不仅无助于提高股价，相反，还会导致股价的下降；高科技公司的技术性无形资产、商标以及其他无形资产会得到市场的认同（邵红霞、方军雄，2006）。这些研究都表明，财务报表中不同类型的无形资产信息在投资者眼中具有不同的含义，市场对不同类型的无形资产信息做出了不同的反应。

本书认为，从财务信息披露的角度来说，权力型无形资产信息和技术型无形资产信息既具有同源性，又具有差异性。首先，权力型无形资产和技术型无形资产的信息同源性在于，无论是权力型无形资产信息还是技术型无形资产信息都是有关企业超额盈利和竞争优势源泉的信息。这类信息披露得越多，财务报告使用者对于企业未来盈利和核心优势的了解也就越多，公司的价值越不容易被市场所低估。其次，权力型无形资产信息和技术型无形资产信息具有很大的差异性，这种差异性是由权力型无形资产和技术型无形资产自身的特征所决定的。这种差异性主要表现在以下几个方面。

第一，技术型无形资产信息比权力型无形资产信息更受投资者关注，权力型无形资产主要靠外部获得，具有外部依赖性；而技术型无形资产主要通过自主研发的方式取得，对于企业持续的增值能力和维持核心竞争优势来说更为重要。

第二，技术型无形资产和权力型无形资产相比，具有更大的风险和不稳定性。由于技术型无形资产需要研究开发，因此研发的成败以及市场激烈的技术竞争都会影响技术型无形资产为企业带来利润的能力。而权力型无形资产直接从外部获得，不需要研究开发，因此，不会面临开发失败的风险。而且权力型无形资产具有高垄断性的排他资源，面临更小的竞争，具有一定的稳定性。

第三，技术型无形资产和权力型无形资产的会计处理规则导致了二者对企业未来盈余的影响程度不同。由于技术型无形资产需要研究开发，而现行的会计准则把企业对无形资产的投资分为研究阶段和开发阶段，研究阶段的支出需要计入当期费用，冲减当期利润；而开发阶段的支出可以在满足条件的情况下进行资本化处理，这样就给企业管理者一定的会计选择空间和利润操纵的空间，使得报表中的技术型无形资产的信息披露具有人为控制失真的可能，从而对企业报表利润的影响较大。权力型无形资产由于不需要进行研究开发，只是按取得时的成本计价，并定期进行折旧和摊销，因此，报表中的权力型的无形资产信息面临的人为干扰更小，对企业报表利润的影响程度较小。

正是由于权力型无形资产和技术型无形资产在信息上既具有同源性又具有差异性，财务报表中权力型无形资产信息（权力型无形资产资本化）和技术型无形资产信息（技术型无形资产资本化）对财务报表最为专业和直接的使用者——证券分析师的盈余预测会有相同或者不同的影响，这种影响主要体现在以下三个方面。

（1）权力型无形资产与技术型无形资产对证券分析师跟随行为的影响。由权力型无形资产和技术型无形资产在信息披露上的同源性可知，无论是权力型无形资产信息还是技术型无形资产信息都是有关企业超额盈利和竞争优势源泉的信息。这类信息披露的越多，财务报告使用者对于企业未来盈利和核心优势的了解也就越多，公司的价值越不容易被市场所低估。这就使得以挖掘被市场低估的公司而推荐给投资者为职业的证券分析师丧失了"谋利"的良机。此外，无论是权力型无形资产信息还是技术型无形资产信息，他们在财务报表中反映得越充分，投资者通过财务报告就能更好地了解企业的经营情况和预测企业未来的盈利，这就使得投资者无须去购买证券分析师的盈余预测，投资者对证券分析师盈余预测的需求下降，从而导致证券分析师盈余预测的价格降低，证券分析师对该公司的盈余预测服务的供给减少，即证券分析师对该企业进行盈余预测的次数减少。此外，由于技术型无形资产主要通过企业自主研发的方式取得，因此更能反映企业的竞争优势和价值创造能力（Ohlson，1995），因此，技术型无形资产信息比权力型无形资产信息更受投资者关注，对技术型无形资产披露得越多，企业越能了解企业的核心状况和未来的盈利能力，对证券分析师盈余预测的需求就更少，证券分析师跟随的动机就更小。

根据权力型无形资产和技术型无形资产的信息同源性和差异性，以及财务信息披露质量与投资者对证券分析师盈余预测需求之间的"此消彼长"的关系，本书提出以下假设：

假设5-4：技术型无形资产资本化和权力型无形资产资本化与证券分析师跟随都呈负相关关系，其中技术型无形资产资本化与证券分析师跟随之间的负相关关系更为显著。

（2）权力型无形资产和技术型无形资产对证券分析师盈余预测准确性的影响。由权力型无形资产和技术型无形资产在信息披露上的差异性可知，技术型无形资产和权力型无形资产相比，具有更大的风险和不确定性。技术型无形资产的获得需要研究开发，而现行的会计准则对无形资产投资的条件资本化处理为企业管理者提供一定的会计选择空间和利润操纵的空间，使得财务报表中的技术型无形资产的信息披露有了人为操控的可能。此外，由于大量研发支出被计入管理费用，严重冲减了企业当期的利润。在资产负债表上确认的技术型无形资产实际上只是整个无形资产投入的极小一部分，因此，财务报表中技术型无形资产信息的相关性和可靠性都比较差。技术型无形资产的比例越高，企业对技术型无形资产的研究开发费用可能越高，财务报表中可被操纵以及不确定性的因素越大，对企业利润的人为影响就越大，财务报表的可靠性和相关性就越差，从而导致证券分析师的盈余预测的误差就越大。

由于权力型无形资产直接从企业外部获得，无须对其进行研究开发，而且发挥效用比较稳定，在会计处理上不存在操纵空间，因此权力型无形资产的资本化比例越大，财务报告提供的有关企业未来盈利的确定性信息就越多，财务报告的可靠性和相关性就越好，证券分析师盈余预测的误差就越小。由此，本书提出如下假设：

假设5-5：技术型无形资产资本化与证券分析师盈余预测误差正相关；权力型无形资产资本化与证券分析师盈余预测误差负相关。

（3）权力型无形资产资本化和技术型无形资产资本化对证券分析师盈余预测分散性的影响。由于技术型无形资产需要研究开发，并且会计准则对技术型无形资产研究开发的规定给了企业管理者一定的会计选择空间和利润操纵的空间，使得财务报表中的技术型无形资产的信息披露有了人为操控的可能，企业报表中的利润具有更大的波动性，因此，财务报表中技术型无形资产的比例越高，财务报表不确定性的因素越多，财务报表的可靠性和相关性越差，证券分析师进行盈余预测所面临的不确定性就越大。在财务信息质量较低的情况下，为了提供准确的盈余预测，证券分析师需要动用他们的私人资源去获取有关企业无形资产以及利润的信息，但是由于不同的证券分析师具有不同的私人信息渠道，并且不同的私人信息的质量参差不齐，从而导致证券分析师之间的盈余预测分歧增大，即证券分析师盈余预测的分散性增大。

由于权力型无形资产不需要研究开发，权力型无形资产的会计处理对利润的影响较小，给企业带来收益的稳定性较大，权力型无形资产信息具有较强的相关性和可靠性，因此，财务报表中权力型无形资产的比例越大，财务报告中提供的有关企业未来盈利的确定性信息就越多，财务报告的可靠性和相关性就越大，证券分析师盈余预测面临的不确定越小，从而减少了对私人信息的依靠，因此，证券分析师之间盈余预测的分散性下降。由此，本书提出如下假设：

假设5-6：技术型无形资产资本化与证券分析师盈余预测的分散性正相关；权力型无形资产资本化与证券分析师盈余预测的分散性负相关。

5.4 企业无形资产资本化对证券分析师盈余预测影响机理的实证分析

在理论分析的基础上，本书采用实证研究的方法对"企业无形资产总额的资本化程度对证券分析师盈余预测的影响"以及"不同类型的无形资产资本化对证券分析师盈余预测的影响"进行实证检验。其中，"企业无形资产总额的资本化程度对证券分析师盈余预测的影响"是本章研究的主题，"不同类型的无形资产资本化对证券分析师盈余预测的影响"是对本章主题研究的进一步深入。本节将对这两部分的实证研究结果分别予以列示。

5.4.1 基于无形资产总额的无形资产资本化对分析师盈余预测影响的实证研究

首先，本章分析了企业无形资产资本化对证券分析师盈余预测的影响机理，在证明企业无形资产资本化与证券分析师盈余预测存在着理论耦合的基础上，针对证券分析师盈余预测的三个研究维度，为了便于理论假设与实证结果的对照，本书对之前提出的假设5-1~假设5-3进行回顾。

假设5-1：企业无形资产资本化程度与证券分析师跟随负相关。

假设5-2：企业无形资产资本化程度与证券分析师盈余预测的误差负相关。

假设5-3：企业无形资产资本化程度与证券分析师盈余预测的分散性负相关。

5.4.1.1　变量的选取与相关性检验

在提出假设的基础上，本节吸收之前文献的研究成果，选取有助于本章研究相关变量，并对选取的变量进行皮尔森和斯皮尔曼（Pearson and Spearman）相关性检验。在对变量合理选择的基础上，为提出模型奠定基础。

1）因变量的选取。证券分析师的盈余预测研究通常是指证券分析师对企业盈利状况做出的预测，这些预测主要包括：对公司每股收益的预测、对公司净利润的预测、对公司经营现金流量的预测等，其中证券分析师对公司每股盈余的预测最为普遍，也最具代表性，因此，本书对证券分析师盈余预测的研究也采用每股盈余作为指标。本书的因变量如下：

（1）因变量——证券分析师盈余预测跟随（$FOLLOW_{it}$）。证券分析师盈余预测跟随衡量的是公司吸引证券分析师的程度，之前的文献衡量证券分析师盈余预测跟随行为的指标主要有两种，一种是对某家上市公司进行盈余预测的证券分析师的人数，另一种是对某家上市公司进行盈余预测的次数。本书选取了证券分析师对某家公司进行盈余预测的次数来度量证券分析师的跟随行为，因为即使是同一分析师对一家公司预测多次，也说明了证券分析师对该家公司提供的盈余预测的服务增多。$FOLLOW_{it}$衡量的是证券分析师对公司 i 第 t 年的年度每股盈余进行预测的次数。

（2）因变量——证券分析师盈余预测偏差（$ln\_FE\_TA_{it}$）。关于证券分析师盈余预测准确性的衡量，国内外的实证研究主要有两种度量方式：一种是对应单个分析师的预测误差的衡量，预测误差主要是指证券分析师预测的每股收益与公司实际每股收益的差值。为了加强公司之间的可比性，实证研究中通常对分析师盈余预测误差进行标准化处理，即除以公司实际的每股盈余或者公司的股价。证券分析师盈余预测的误差一般不区分正向误差和负向误差，通常只用标准化误差的绝对值来衡量（如李丹梦，2007；方军雄，2007；石桂封、苏力勇和齐伟山，2007）。另一种方法是衡量整个证券分析师群体的平均预测的准确程度，即用所有的证券分析师对公司 i 在年度 t 的盈余预测的均值和公司实际每股盈余的差额来衡量证券分析师群体的平均预测误差，并对其进行标准化处理（Barron，2002；Matolcsy and Wyatt，2006）。由于本书致力于研究无形资产资本化对证券分析师群体的影响，对分析师自身能力的差异并不作考察，因此，本书采用证券分析师群体的平均预测误差作为证券分析师盈余预测准确性的衡量，并且用证券分析师群体的平均预测误差除以公司的每股总资产然后将其对数化，从而达到标准化处理的目的（Matolcsy and Wyatt，2006）。本书采用以公式对其进行数学表述：

$$\ln\_FE\_TA_{it} = Ln\left(\left|\frac{FMEAN_{it} - AEPS_{it}}{TA\_SHARE_{it}}\right|\right)$$

其中，$FMEAN_{it}$为所有的证券分析师对公司 i 第 t 年的每股收益的预测均值，$AEPS_{it}$为公司 i 第 t 年的实际的每股收益，TA_SHARE_{it}为公司 i 第 t 年的每股资产，Ln 表示的是对其进行自然对数化处理。

（3）因变量——证券分析师盈余预测分散度（$\ln\_DISP\_TA_{it}$）。关于证券分析师盈余预测分散度的度量，之前的文献通常是采用证券分析师盈余预测的变异系数（Coefficient of Variation，CV）来表示。郎和兰德姆（1996）用盈余预测值的标准差除以股价来衡量证券分析师盈余预测的分散程度，拜伦和欧卡尔等（1999）则利用盈余预测的标准差除以预测均值的绝对值来表示，马特克斯和瓦特（Matolcsy and Wyatt，2006）采用盈余预测的标准差除以公司每股净资产的绝对值来表示。本书采用的是马特克斯和瓦特（2006）的方法，因为股价的变动会受宏观经济的影响（比如金融危机）而剧烈变动，而每股净资产则既能消除规模影响，又比较稳定。$\ln\_DISP\_TA_{it}$越小，说明证券分析师之间的分歧越小，他们的意见越一致。分散度的公式如下：

$$\ln\_DISP\_TA_{it} = Ln\left(\frac{\sqrt{\frac{1}{n}\sum_{1}^{n}(FEPS_{it} - FMEAN_{it})^2}}{TA\_SHARE_{it}}\right)$$

其中，$FEPS_{it}$单个证券分析师对公司 i 第 t 年的盈余预测，$FMEAN_{it}$为所有的证券分析师对公司 i 第 t 年的每股收益的预测均值，TA_SHARE_{it}为公司 i 第 t 年的每股资产，Ln 表示的是对其进行的自然对数化处理。

2）自变量的选取——无形资产资本化程度（$INTANG\_MVAD_{it}$）。无形资产在财务报告中披露的充分程度即无形资产资本化程度是本书研究最重要的自变量。无形资产资本化衡量了财务报表对企业无形资产反映的充分程度，无形资产资本化由来、涵义、演化和度量详见第 3 章。

无形资产资本化程度是衡量企业无形资产信息在财务报告中披露充分程度的一个重要度量指标。无形资产资本化度量可以用企业在财务报告中确认的无形资产价值占企业无形资产总价值的比例来衡量（Matolcsy and

Wyatt，2006）。其中，无形资产在财务报告中确认的价值等于资产负债表中的无形资产科目余额。由于企业无形资产的总价值等于在财务报告中确认的无形资产价值（狭义无形资产）与未在财务报告中确认的无形资产价值（潜在无形资产）之和，因此，度量企业潜在无形资产的价值成为计算无形资产资本化程度的关键。大量的现存文献把"公司潜在无形资产"定义为企业市场价值与企业账面价值的差额（Ross et al.，1998；Brooking，1997；Booth，1998；Chung and Charoenwong，1991；Smith and Watts，1992；薛云奎，王志台，2001a），因此，本书采用马特克斯和瓦特（Matolcsy and Wyatt，2006）的方法对无形资产资本化程度进行计算，其计量公式如下：

$$INTANG\_MVAD_{it} = \frac{INTANGIBLE_{it}}{MVAD_{it}} = \frac{INTANGIBLE_{it}}{(MKV_{it} - BKV_{it}) + INTANGIBLE_{it}}$$

其中，$INTANG\_MVAD_{it}$ 为公司 i 第 t 年的资产负债表中无形资产的科目余额，MKV_{it} 为公司 i 第 t 年的企业市场价值，BKV_{it} 为公司 i 第 t 年的企业账面价值，（$MKV_{it} - BKV_{it}$）为公司 i 第 t 年的"潜在无形资产"，即未被企业财务报表确认但是却客观存在的无形资产的市场资本化价值（market capitalization）（葛家澍，2002），（$MKV_{it} - BKV_{it}$）与 $INTANG\_MVAD_{it}$ 的和为公司 i 第 t 年的无形资产总价值，因此，$INTANG\_MVAD_{it}$ 衡量的是公司 i 第 t 年的无形资产在财务报告中披露的充分程度，$INTANG\_MVAD_{it}$ 越大，企业财务报告对无形资产的披露程度越充分。

3）控制变量的选取。为了有效地验证无形资产资本化对证券分析师盈余预测的影响，本书借鉴国内外学者在实证研究成果，选取了下列要素作为实证模型的控制变量：

（1）控制变量——无形资产价值占市值比例（$MVAD\_MV_{it}$）。巴斯等（Bath et al.，2001）的研究表明，在美国证券分析师更倾向于对拥有大量的"未被确认"的无形资产（潜在无形资产）的公司进行预测。拜伦等（Barron et al.，2002）的研究发现，证券分析师对于拥有较多的未被确认无形资产公司的盈余预测通常会有较大的预测误差和预测分歧。这就表明，不仅是在资产负债表中确认的无形资产对证券分析师盈余预测有影响，未被确认的无形资产对证券分析盈余预测也有显著的影响，由于财务报表中能够计量的无形资产只是企业整个无形资产价值很小的一部分，因此，我们用企业潜在无形资产价值 $MVAD_{it}$ 与企业市场价值 MV_{it} 的比值 $MVAD\_MV_{it}$ 来控制未被确认的无形资产对证券分析师盈余预测的影响。

（2）控制变量——经营现金流量与负债比例（OP_DEBT$_{it}$）。根据以往的研究（Alford and Berger，1999；Demers，2002），经营不确定性对证券分析师盈余预测有着重要影响，企业经营现金负债比例是衡量企业经营不确定性的重要变量，其在数值上等于经营性现金净流入 OPERATION$_{it}$ 与公司负债 DEBT$_{it}$ 的比值。

（3）控制变量——公司规模（LG_MV$_{it}$）。以往的研究（Brown，Richardson and Schwager，1987；Koss，Ro and Schroeder，1990）表明，公司规模会显著地影响证券分析师的盈余预测。一般认为公司的规模越大，越容易吸引证券分析师的关注，因为大公司通常比小公司的信息披露具有更多的信息渠道来满足市场的需求。因此，证券分析师对规模较大公司的盈余预测的误差较小（Eames and Glover，2003），他们之间的意见分歧也越小（Lang and Lundholm，1996）。本书借鉴马特克斯和瓦特（Matolcsy and Wyatt，2006）的方法，用上市公司年末市场价值 MV$_{it}$ 的自然对数来表示公司的规模。

（4）控制变量——负债杠杆水平（LEV$_{it}$）。马特克斯和瓦特（2006）和郎和兰德姆（1996）的研究发现，公司的负债杠杆水平代表了公司的经营风险，对证券分析师盈余预测有着重要的影响。本书用此变量对公司的运营风险进行控制，负债杠杆水平等 LEV$_{it}$ 等于公司 i 第 t 年年末的负债与权益的比值。

（5）控制变量——盈余的波动性（EV$_{it}$）。克罗斯、鞣和斯科尔德（Kross，Ro and Schroeder，1990）指出，盈余的波动性越高，证券分析师挖掘公司信息的动力就越大，其盈余预测的准确性就越高，郎和兰德姆（1996）也认为盈余波动性是影响证券分析师盈余预测的重要因素。在我国，石桂峰、苏力勇和齐伟山（2007）的研究结果表明盈余波动性越大，企业的盈利越不稳定，分析师盈余预测误差越大，本书用上市公司从上市以来（至少3年）的每股收益的标准差来衡量盈余的波动性。

（6）控制变量——是否亏损（LOSS$_{it}$）。由于是否亏损是衡量公司业绩最重要的也是最明显的指标，郎和兰德姆（1996）、马特克斯和瓦特（2006）认为是否亏损从质量上衡量公司了经营业绩，因此，对证券分析师盈余预测也具有影响。本书把是否亏损设置为哑变量，如果亏损 LOSS$_{it}$ 取1，否则 LOSS$_{it}$ 取零。

（7）控制变量——股票收益率的波动性（VAR_RET$_{it}$）。除了企业盈余的波动性之外，公司股票价格的波动性代表了企业未来总体上的不确定性，也对分析盈余预测构成重要影响。借鉴艾福德和博格（Alford and Berger，1999）的研究，本书采用滚动计量方式对公司 i 从开始到上市（至少 36 个月）到 t 年的月股票回报率的标准差作为衡量收益率波动的指标。

（8）控制变量——上市年限（AGE$_{it}$）。奥尔布赖特（Albrecht et al.，1977）的研究表明，上市公司的时间长短会影响盈余预测的准确性，新上市的公司为了同证券分析师建立联系和引起机构投资者的注意，会更愿意主动提供一些私有信息。本书用上市公司的上市年限进行控制。

（9）控制变量——预测次数（FOLLOW$_{it}$）。泰姆勒（Tamura，2002）的研究发现，证券分析师在盈利预测时如果对该公司的盈余预测越多，对该家公司倾注的努力就越多，从而使预测值的误差更小。达斯、莱文和斯外马克斯曼（Das，Levine and Sivaramakleslman，1998）认为证券分析师对上市公司盈余预测的次数对他们的盈利预测的准确性和分散性有影响。因此，本书在检验证券分析师盈余预测的准确性和证券分析师盈余预测分散性的时候，将证券分析师对该公司的预测次数作为控制变量进行研究。

（10）控制变量——年份（YEAR）。为了控制宏观经济因素对企业的影响，本书采用年度哑变量进行控制，由于本章的样本数据期间为 2007 ~ 2008 年，因此，只用一个年份哑变量进行控制。本书规定，如果财务报表数据来自 2008 年年报，则 YEAR 取值为 1，反之 YEAR 取值为 0。

（11）控制变量——行业（INDUSTRY）。关于分析师预测准确度的研究中，行业常被纳入考虑的影响因素之列。显然，稳定行业中公司的盈余相对比较容易预测，而变动因素较多的行业则增加了分析师预测的难度。卡帕斯戴夫等（Capstaff et al.，2001）发现，相对于交通及消费耐用品部门，分析师对公共事业及医疗卫生单位的预测更准确。帕茨（1989）的研究表明，分析师对大型重工业的盈利预测比对消费品行业的预测更加困难。欧布兰和布哈斯翰（O'Brien and Bhushan，1999）的研究发现行业特点对分析师跟进存在显著的相关关系。因此本书采用行业哑变量进行控制，本书行业划分采用的是中国证监会 2001 年 4 月颁布的上市公司行业分类指引的一级分类，共有 13 个行业，其分别为：农林牧渔业、采掘业、制造业、电力煤气及水的生产和供应业、建筑业、交通运输和仓储业、信

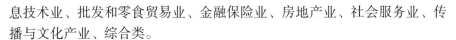

息技术业、批发和零食贸易业、金融保险业、房地产业、社会服务业、传播与文化产业、综合类。

对相关变量的名称、定义的汇总详见表 5－2。为了保证变量选取的正确性，本书对变量之间的相关性进行皮尔森和斯皮尔曼检验。相关性检验的结果见表 5－3。由皮尔森和斯皮尔曼的检验的系数差异来看，公司无形资产市场总价值 MVAD 和一些变量的相关系数差异较大，比如无形资产资本化变量 INTANG_MVAD 和 MVAD 的线性相关程度为 0.28，而非参数相关程度为 0.528，这种非线性的相关程度的明显更为显著的特性就为本书将样本按照 MVAD_MV 分类提供了理论依据。并且从理论上说，无形资产价值占公司市价比例高的公司与无形资产价值占公司市价比例低的公司在质上也存在差异，比如通常情况下高科技公司的无形资产更高，传统行业的无形资产可能较少，划分 MVAD_MV 大小对于区分这样的公司有很大的帮助，因此，本章的实证用 MVAD_MV 的中值作为划分点把样本划分为两类，并分别列示实证结果。

表 5－2　　　　　　　　　　　变量的定义汇总表

变量	名称	定义
FOLLOW$_{it}$	证券分析师盈余预测跟随	对同一公司做出盈利预测的次数
ln_FE_TA$_{it}$	证券分析师盈余预测偏差	分析师预测误差的均值标准化的对数化处理
ln_DISP_TA$_{it}$	证券分析师盈余预测分散度	预测值的标准差/每股总资产的对数化
MVAD_MKV$_{it}$	无形资产价值占市值比例	潜在无形资产占市场价值的比例
OP_DEBT$_{it}$	经营现金流量与负债比例	公司经营性现金流量/负债总额
LG_MV$_{it}$	公司规模	上市公司股价的自然对数
LEV$_{it}$	负债杠杆水平	负债/权益
EV$_{it}$	盈余的波动性	公司每股盈余的标准差
LOSS$_{it}$	是否亏损	亏损为 1；否则为 0
VAR_RET$_{it}$	收益率的波动性	股票收益率的标准差
AGE	上市年限	上市公司年限
YEAR	预测年份	年份控制变量
INDUSTRY	行业	行业控制变量

表 5-3 变量相关性检验①

变量	FOLLOWit	LG(DISP/TA)it	LG(FE1/TA)it	INTANG/MVADit	MVADit/MVit	OP_DEBTit	LG(MV)it	AGEit	LEVit	VAR_RETit	EVit
											Pearson 相关检验
FOLLOW		0.086 ***	-0.0192	(-0.073)***	0.197 ***	0.0038	0.566 ***	0.053 ***	0.205 ***	0.057 ***	0.1494 ***
Ln(DISP_TA)it	0.13 ***		0.512 ***	(-0.128)***	0.233 ***	0.129 ***	0.069 ***	0.042 ***	(-0.161)***	0.175 ***	0.185 ***
Ln(FE_TA)it	0.002	0.562 ***		(-0.105)***	0.196 ***	0.093 ***	(-0.006)	0.045 ***	(-0.167)***	0.139 ***	0.173 ***
INTANG_MVADit/MVit	(-0.09)***	(-0.182)***	(-0.133)***		(-0.281)***	(-0.06)***	(-0.12)***	0.107 ***	0.024	(-0.029)*	(-0.15)***
MVADit/MVit	0.210 ***	0.271 ***	0.217(***)	(-0.528)***		0.07 ***	0.276 ***	(-0.07)***	0.008	0.155 ***	0.395 ***
OP_DEBTit	0.02	0.149 ***	0.103 ***	(-0.021)	0.071 ***		(-0.1)***	(-0.1)***	(-0.29)***	0.01123	(-0.06)***
LG(MV)it	0.452 ***	0.118 ***	0.02816	(-0.250)***	0.338 ***	(-0.09)***		0.109 ***	0.241 ***	0.044 ***	0.321 ***
AGEit	0.051 ***	0.032 *	0.045 ***	0.164 ***	(-0.065)***	(-0.115)***	0.178 ***		0.098 ***	(-0.013)	0.268 ***
LEVit	0.073 ***	(-0.154)***	(-0.094)***	0.101 ***	(-0.048)***	(-0.487)***	0.068 ***	0.234 ***		0.069 ***	0.075 ***
VAR_RETit	0.16 ***	0.211 ***	0.206 ***	-0.009	0.236 ***	(-0.052)***	0.00231	(-0.004)	0.151 ***		0.123 ***
EVit	0.094 ***	0.117 ***	0.110 ***	(-0.183)***	0.359 ***	(-0.060)***	0.320 ***	0.338 ***	0.150 ***	(-0.022)	
Spearman 相关检验											

① 注：* 代表在 0.10 水平显著，** 代表在 0.05 水平下显著，*** 代表在 0.001 的水平下显著。变量的定义及描述见表 1。上三角为 Pearson 下三角为 Spearman 相关系数检验。

5.4.1.2 模型的建立与样本的选取

根据以上分析和变量的选取，本书借鉴马特克斯和瓦特（2006）、巴斯等（Barth et al.，2001）的研究方法，针对无形资产资本化和证券分析师盈余预测的三个理论假设建立模型。需要特别说明的是，为了考察证券分析师对财务报告信息的反应，在模型的设计上必须保证证券分析师在进行盈余预测的时候要根据公司上一年的年报对下一年的年报做预测，即证券分析师盈余预测必须保证在公司上一年年报公布之后。由于我国证监会对公司发布年报时间的规定，上市公司必须在每年4月30号之前公布上一年的年报，因此本书模型中的 $FOLLOW_{it}$、$\ln\_FE\_TA_{it}$ 和 $\ln\_DISP\_TA_{it}$ 都是根据上一年年报发布之后即（$t-1$）年5月到下一年年报公布之前即 t 年4月为计算区间。具体模型表达式如下：

模型5-1：企业无形资产资本化对证券分析师跟随的影响。

$$
\begin{aligned}
FOLLOW_{it} = {} & \alpha_1 + \beta_1 INTANG\_MVAD_{it-1} + \beta_2 MVAD\_MKV_{tt-1} \\
& + \beta_3 OP\_DEBT_{it-1} + \beta_4 LG\_MV_{it-1} + \beta_5 AGE_{it-1} \\
& + \beta_6 LOSS_{it-1} + \beta_7 VAR\_RET_{it-1} + \beta_8 EV_{it-1} \\
& + \sum YEAR + \sum INDUSTRY
\end{aligned}
$$

模型5-2：企业无形资产资本化对证券分析盈余预测准确性的影响。

$$
\begin{aligned}
\ln\_FE\_TA_{it} = {} & \alpha_1 + \beta_1 INTANG\_MVAD_{it-1} + \beta_2 MVAD\_MKV_{tt-1} \\
& + \beta_3 OP\_DEBT_{it-1} + \beta_4 LG\_MV_{it-1} + \beta_5 AGE_{it-1} \\
& + \beta_6 LOSS_{it-1} + \beta_7 VAR\_RET_{it-1} + \beta_8 EV_{it-1} \\
& + \beta_9 FOLLOW_{it} + \sum YEAR + \sum INDUSTRY
\end{aligned}
$$

模型5-3：企业无形资产资本化对证券分析师盈余预测分散性的影响。

$$
\begin{aligned}
\ln\_DISP\_TA_{it} = {} & \alpha_1 + \beta_1 INTANG\_MVAD_{it-1} + \beta_2 MVAD\_MKV_{tt-1} \\
& + \beta_3 OP\_DEBT_{it-1} + \beta_4 LG\_MV_{it-1} + \beta_5 AGE_{it-1} \\
& + \beta_6 LOSS_{it-1} + \beta_7 VAR\_RET_{it-1} + \beta_8 EV_{it-1} \\
& + \beta_9 FOLLOW_{it} + \sum YEAR + \sum INDUSTRY
\end{aligned}
$$

在模型构建的基础上，本书根据研究的需要进行样本选取。实证研究的意义在于从大样本中分离出一般的规律，样本越多，得到的结论越为可靠。然而大样本的前提是必须具有同源性，即样本所处的宏观环境和制度环境在样本时间视窗中不能发生结构性的改变。企业无形资产资本化程度是本书研究的重要变量，但是这是一个具有重要背景特色的概念，会计准则对企业无形资产资本化程度有着重要影响。我国于 2007 年 1 月实施了新的无形资产准则，为了剔除制度变更对回归结果的影响，本章选取 2007 ~ 2009 年（即无形资产新准则实施以来至今）作为样本的选择区间。

具体来说，本书从 CSMAR 数据库中选取了 2008 ~ 2009 年所有的证券分析师盈余预测数据，并从 CSMAR 数据库中搜集 2007 ~ 2008[①] 年被预测公司的无形资产以及其他财务数据与其相匹配。本书的样本选取步骤如下：

（1）剔除计算财务指标所需财务数据不可得的公司；

（2）剔除研究期间上市和退市的公司，因为计算盈利变动性和股价变动性指标需要至少 3 年的数据；

（3）剔除实际每股盈余数据缺失的公司，因为计算证券分析师盈余预测的误差需要公司实际每股盈余数据做参照；

（4）剔除证券分析师对其预测次数小于 3 的公司，因为考察证券分析师盈余预测之间的分歧需要 2 个或者 2 个以上的分析师对同一家公司进行预测才有意义。

经过以上程序[②]，本书最终得到 1157 个有效样本，并且对样本进行对处于 0 ~ 1% 和 99% ~ 100% 之间的极端值样本进行了 WINSORIZE 处理，从而消除了极端值对回归结果的影响。

最终有效样本的描述性统计见表 5 - 4，从表 5 - 4 可以看出，无形资产资本化程度 INTANG_MVAD 的均值为 0.107，说明 2007 ~ 2009 年，我国 A 股上市公司无形资产在资产负债表中的确认比例为 10%，大量的无形资产未能在财务报表中得到确认。MVAD 代表企业无形资产市场化价值，MVAD 的中位数为 1335 万元，均值为 4677.14 万元，证明我国上市公司无形资产市场价值巨大。证券分析师对我国上市公司的年度平均预测数为 7 次，明显低于欧美和澳大利亚数据，这说明我国证券分析师行业仍处于新兴阶段，证券分析师盈余预测的误差和分散度的均值为 0.011 和 0.012，从总体上说，误差和分歧程度并不大，说明证券分析对样本公司的盈余预测基本上是有效的。

---

① 由于本书研究的是财务数据对证券分析师盈余预测的影响，本书需要考察的是证券分析师根据上一年的财务报告数据对下一年的财务数据进行预测的现象。因此，公司财务数据比证券分析师预测年度早一年。例如，公司的财务年报为 2001 年，证券分析师在 2001 年报发布之后，根据对 2001 年年报的分析对该公司 2002 年的每股盈余做出预测。

② 本书并未剔除金融类公司，因为金融类公司也存在着大量的无形资产，比如软件、操作系统、土地使用权等。

表5-4		样本描述性统计			
样本数（N = 1575）：	5%分位数	中位数	均值	95%分位数	标准差
FOLLOW$_{it}$	2	5	7.532	22	7.4
DISP_TA$_{it}$	0.001	0.006	0.011	0.031	0.024
Ln_DISP_TA$_{it}$	-6.712	-5.05	-5.033	-3.216	1.035
ABSFE_TA$_{it}$	0.001	0.006	0.012	0.041	0.021
Ln_FE_TA$_{it}$	-7.445	-5.027	-5.132	-3.173	1.296
INTANG_MVAD$_{it}$	0	0.022	0.107	0.465	0.297
MVAD$_{it}$（百万元）	175.189	1335.62	4677.14	11139	33097
MV$_{it}$（百万元）	765.984	2833.55	8694.56	19341	52551
MVAD/MV$_{it}$	0.122	0.517	0.498	0.808	0.209
LG（MV）$_{it}$	20.456	21.764	21.888	23.685	1.041
OP_DEBT$_{it}$	0.393	1.468	1.838	4.406	1.433
LEV$_{it}$	0.186	0.893	1.271	3.218	1.531
AGE$_{it}$	2	5	7.662	14	3.716
VAR_RET$_{it}$	0.011	0.012	0.016	0.029	0.012
EV$_{it}$	0.016	0.026	0.281	0.784	0.291

5.4.1.3 实证结果与分析

根据之前的皮尔森和斯皮尔曼相关性检验的结果，我们发现MVAD在和一些变量的相关系数差异较大，比如INTANG_MVAD和MVAD的线性相关程度为0.28，而非参数相关程度为0.528，这种MVAD的非线性关联为本书把样本按照MVAD_MV（无形资产市场化价值与公司市值的比值）进行分类提供了理论依据，本章把MVAD_MV的中值作为划分点把样本划分为两组，其中，MVAD_MVAD大于中值的样本代表无形资产价值占公司价值较大的公司，MVAD_MVAD小于中值的样本代表无形资产价值占公司价值较小的公司。

（1）企业无形资产资本化对证券分析师跟随影响的回归结果。表5-5是企业无形资产资本化对证券分析师跟随影响的回归结果，从表中可以发现，无论是全样本、无形资产价值较大（MVAD_MV > 中值）的分样本还是无形资产价值较小的分样本（MVAD_MV < = 中值），无形资产资本化程度INTANG_MVAD的系数都为负，但是显著程度有所差别，INTANG_

MVAD 在全样本中和无形资产价值占公司市场价值比例较小的分样本（MVAD_MV < = 中值）中并不显著，但是在无形资产价值占公司市场价值比例较大（MVAD_MV > 中值）的分样本中却非常显著。这说明，总体来说，企业无形资产资本化程度与证券分析师盈余跟随行为负相关，即无形资产在财务报表中反映得越充分，证券分析师对其进行盈余预测的次数就越少。这一结果与巴斯等（2001）、拜伦（2002）等发现的结论（证券分析更倾向于对拥有大量"未在资产负债表中确认"的无形资产的公司进行预测）是等价的，因为无形资产资本化程度越高，"未在资产负债表中确认"的无形资产就越少，挖掘被市场低估公司的价值，从而获取"超额利润"的可能性就越小。此外由于无形资产资本化程度的增加，财务信息质量有所提高，投资者无须费力就可以自行预测企业未来盈利的状况，因此，对证券分析师盈余预测的服务需求下降，证券分析师对该公司的盈余预测次数下降。

表 5 – 5   企业无形资产资本化对证券分析师跟随影响模型的回归结果

Follow	全样本 （n = 1575）	> MVAD/MV 的中值 （n = 787）	< = MVAD/MV 的中值 （n = 788）
INTERCEPT	– 131. 156 （– 20. 08）***	– 148. 131 （– 14. 795）***	– 117. 083 （– 12. 104）***
INTANG_MVAD	– 0. 718 （– 1. 063）	– 36. 242 （– 2. 168）**	– 1. 021 （– 1. 47）
MVAD/MV	– 0. 075 0	3. 266 （0. 490）	– 0. 76 （– 0. 332）
OP_DEBT	0. 406 （2. 285）***	0. 243 （0. 933）	0. 476 （1. 962）**
LG（MV）	6. 487 （21. 42）***	7. 147 （16. 747）***	5. 82 （13. 110）***
AGE	– 0. 091 （– 1. 393）	– 0. 002 0	– 0. 133 （– 1. 67）*
LOSS	– 2. 101 （– 1. 884）**	– 4. 498 （– 2. 007）**	– 1. 975 （– 1. 678）*

续表

Follow	全样本 （n＝1575）	＞MVAD/MV 的中值 （n＝787）	＜＝MVAD/MV 的中值 （n＝788）
LEV	0.207 1.221	0.014 0	0.492 （1.897）*
VAR_RET	−50.568 （−3.205）***	−73.432 （−3.82）***	−4.564 （−0.141）
EV	−1.284 （−5.490）***	−1.283 （−4.392）***	−1.553 （−3.511）***
Adjusted R^2	0.406	0.416	0.39

注：变量定义以及算法详见表 5 - 2，方程通过共线性检验，所有变量 VIF 膨胀因子均低于阈值，方程不存在共线性问题，结果均通过 White（1980）异方差调整。括号内为 t 值，＊表示结果在 0.10 水平下显著，＊＊表示结果在 0.05 水平下显著，＊＊＊表示结果在 0.01 的水平下显著。年度控制变量和行业控制变量的结果由于篇幅原因不在这里列示。

此外，企业无形资产资本化与证券分析师跟随之间的"负相关"关系对于无形资产价值占公司总价值比例高（MVAD_MV ＞中值）的公司更为显著，这说明对于无形资产是公司价值主要创造因素的公司，无形资产在财务报表中确认的程度越高，证券分析师对其进行盈余预测的次数越少。这个结论似乎与我们平时想象中的无形资产信息披露程度越高，越会吸引市场的关注的观点"相矛盾"，但是仔细分析，这两种结论并不矛盾，虽然投资者和证券分析师有密切的联系，但是证券分析师却不是直接的投资者，证券分析师和投资者的利益并不完全一致。证券分析师自身利益的最大化才是他们提供预测服务的最终目标。因此，无形资产信息披露程度高会吸引市场的投资者，但却会妨碍证券分析师对这样的公司进行跟随而获利，从而并不会得到证券分析师的青睐，这的确是一个"有趣"的现象。

（2）企业无形资产资本化对证券分析师盈余预测准确性影响的回归结果。表 5 - 6 是企业无形资产资本化对证券分析师盈余预测准确性的影响模型的回归结果，从表中可以发现，无论是全样本分析还是按照 MVAD_MVA 中值划分的分样本，企业无形资产资本化程度（INTANG_MVAD）与证券分析师盈余预测的误差 ln（ABSFE_TA）都呈负相关的关系，即公司无形资产在财务报表中反映得越充分，企业无形资产资本化程度越高，财务信息的相关性和可靠性就越高，财务信息披露质量就越好，财务信息就越能反映企业的经济实质，证券分析师无须动用大量的私人资源，花费大量的时间和精力去企业进行调研以及和公司管理层进行沟通就能从企业财务信息披露中挖掘到有利于预测的信息，因此，证券分析师盈余预测的难度大大降低，从而导致盈余预测误差的下降，证券分析师盈余预测的准确程度得以提高。

表 5 - 6　无形资产资本化对证券分析师盈余预测准确性影响的模型的回归结果

ln（FE_TA）	全样本 （n = 1571）	> MVAD/MV 的中值 （n = 778）	< = MVAD/MV 的中值 （n = 779）
INTERCEPT	- 6. 31 （ - 7. 02）***	- 9. 32 （ - 6. 87）***	- 2. 9 （2. 21）**
INTANG_MVAD	- 0. 27 （2. 98）***	- 6. 02 （ - 2. 15）**	- 0. 34 （ - 3. 49）***
MVAD/MV	0. 55 （2. 54）***	1. 14 （1. 51）	- 0. 11 （ - 0. 36）
OP_DEBT	0. 01 - 0. 37	- 0. 04 （ - 1. 26）	0. 04 - 1. 27
LG（MV）	- 0. 05 - 1. 39	0. 17 （3. 11）***	- 0. 08 （ - 1. 53）
AGE	0. 01 （1. 74）*	- 0. 01 - 0. 58	0. 03 （2. 37）***
LOSS	0. 57 （2. 99）***	0. 76 （1. 91）**	0. 52 （2. 42）***
LEV	- 0. 08 （3. 14）***	- 0. 05 （ - 1. 51）	- 0. 13 （ - 2. 86）***
VAR_RET	6. 53 （3. 26）***	5. 88 （2. 8）***	5. 9 （ - 1. 25）
EV	0. 21 （6. 32）***	0. 19 （5. 21）***	0. 23 （2. 26）***
FOLLOW	- 0. 005 - 1. 48	- 0. 01 （ - 3. 1）***	0. 003 - 0. 68
Adjusted R^2	0. 15	0. 15	0. 13

注：变量定义以及算法详见表 5 - 2，方程通过共线性检验，所有变量 VIF 膨胀因子均低于阈值，方程不存在共线性问题，结果均通过怀特（White，1980）异方差调整。括号内为 t 值，* 表示结果在 0. 10 水平下显著，** 表示结果在 0. 05 水平下显著，*** 表示结果在 0. 01 的水平下显著。年度控制变量和行业控制变量的结果由于篇幅原因不在这里列示。

本书得出的结论与兰德姆（1991）、郎和兰德姆（1996）发现的公司财务信息披露质量越高，证券分析师盈余预测误差越小的结论是相互支持的。此外，本书结论和拜伦等（2002）、戴姆斯（2002）的研究结论（证券分析师对拥有大量未确认的无形资产的企业的盈余预测有着较大的误差）也是间接一致的，因为公司未确认的无形资产越多，在财务报表中得到确认的无形资产就越少，该公司的无形资产资本化程度就越小。

（3）企业无形资产资本化对证券分析师盈余预测分散性影响的回归结果。表 5－7 是企业无形资产资本化对证券分析师盈余预测分散性影响的模型的回归结果，从表中可以发现，无论是全样本，还是按照 MVAD_MVA 中值划分的分样本，无形资产资本化程度（INTANG_MVAD）与证券分析师盈余预测的误差 ln（DISP_TA）都呈负相关的关系。这和本书的预期相符，即公司无形资产在财务报表中反映得越充分，财务信息的相关性就越高，财务信息披露质量越好，证券分析师对财务报表的使用程度就越高，对导致意见分歧的私人信息的使用程度就越小，分析师之间盈余预测的分散程度有所降低。反之，无形资产信息在财务报告中披露不充分的情况下，证券分析师对财务报告的使用程度减弱，分析师更加依靠自身获取的私人信息来进行盈余预测，因为分析师的私人信息来源并不相同，私人信息差异导致了分析师盈余的分歧程度增大。

表 5－7　　无形资产资本化对证券分析师盈余预测分散性模型的回归结果

ln（DISP_TA）	全样本 （n = 1557）	＞MVAD/MV 的中值 （n = 778）	≤ = MVAD/MV 的中值 （n = 779）
INTERCEPT	－ 6.16 （－ 9.84）***	－ 7.71 （－ 8.81）***	－ 5.14 （－ 5.54）***
INTANG_MVAD	－ 0.17 （－ 2.91）***	－ 3.2 （－ 1.66）*	－ 0.26 （－ 4.09）***
MVAD/MV	0.48 （2.93）***	2.42 （5.01）***	－ 0.25 （－ 1.12）
OP_DEBT	0.04 （2.78）***	0.01 （－ 0.42）	0.06 （2.48）***
LG（MV）	0.03 （－ 0.96）	0.03 （－ 0.85）	－ 0.003 （－ 0.1）

ln（DISP_TA）	全样本 （n＝1557）	＞MVAD/MV 的中值 （n＝778）	＜＝MVAD/MV 的中值 （n＝779）
AGE	−0.01 （−1.25）	−0.01 （−1.44）	−0.01 −1.27
LOSS	0.33 （2.11）***	0.66 （1.58）	0.19 （1.21）
LEV	−0.09 （−3.82）***	−0.11 （5.18）***	−0.08 （−2.14）***
VAR_RET	6.13 （4.63）***	4.16 （3.35）***	8.83 （3）***
EV	0.16 （6.55）***	0.14 （5.53）***	0.15 （1.91）**
FOLLOW	0.004 （2.28）***	0.003 −1.27	0.004 −1.26
Adjusted R^2	0.18	0.23	0.11

注：变量定义以及算法详见表5－2，方程通过共线性检验，所有变量 VIF 膨胀因子均低于阈值，方程不存在共线性问题，结果均通过怀特（White，1980）异方差调整。括号内为 t 值，＊表示结果在0.10 水平下显著，＊＊表示结果在0.05 水平下显著，＊＊＊表示结果在0.01 的水平下显著。年度控制变量和行业控制变量的结果由于篇幅原因不在这里列示。

此外，由于无形资产能给企业带来超额收益，无形资产通常被认为是和企业未来的盈利密切相关的经济资源，无形资产披露得越充分，证券分析师对公司未来的盈利的不确定性就越小，证券分析师之间的盈余预测分歧就越小。

本书的结论与兰德姆（1991）、郎和兰德姆（1996）发现的公司财务信息披露质量越高，证券分析师盈余预测分散性越小的结论是相互支持的，而且我们的结论和拜伦、白亚德、凯尔和瑞得（Barron，Byard，Kile and Riedl，2002a）的研究结论（分析师对拥有大量未确认的无形资产企业的盈余预测有着较大的预测分歧）是间接一致的，因为公司未确认的无形资产越多，无形资产资本化程度越小。此外，对于无形资产价值占公司总价值比例高（MVAD_MV＞中值）的公司，INTANG_MVAD 的系数只在10%的显著水平上有效，说明了对于拥有无形资产价值占公司市值比例高的公司，这种关系并不是很明显，因为拥有无形资产价值占公司市值比例高通常具有更多的未确认的无形资产，从而导致分析师对企业未来盈余的不确定性增高。

（4）对于控制变量的解释。通过表 5-5～表 5-7 的回归结果，我们可以发现，控制变量与证券分析盈余预测的关系基本是一致的，其结论为：

第一，证券分析师盈余预测跟随（FOLLOW）与公司无形资产占市值的比例（MVAD_MV）、亏损（LOSS）、股票回报率波动性（VAR_RET）、盈余波动性（EV）负相关；与公司规模（LG_MV）、经营现金流与负债比（OP_DEBT）正相关。

第二，证券分析师盈余预测误差（LN_FE_TA）与负债权益比率（LEV）负相关；与公司无形资产占市值的比例（MVAD_MV）、公司规（LG_MV）、亏损（LOSS）、股票回报率波动性（VAR_RET）、盈余波动性（EV）、经营现金流量与负债比（OP_DEBT）正相关。

第三，证券分析师盈余预测误差（LN_DISP_TA）与负债权益比率（LEV）负相关；与公司无形资产占市值的比例（MVAD_MV）、公司规模LG（MV）、亏损（LOSS）、股票回报率波动性（VAR_RET）、盈余波动性（EV）、经营现金流与负债比（OP_DEBT）正相关。

（5）敏感性测试。本书对模型结果的敏感性测试主要包括以下两个方面：

第一，用计数模型（Count Model）去代替最小二乘法（OLS）对与证券分析师预测跟随有关的模型进行估计。采用计数模型的原因在于，由于 FOLLOW 代表证券分析师盈余预测的次数，以整数的形式反映，因此在统计上是不连续的。鞑克等（Rock et al.，2001）认为，因变量为不连续状态的整数时，会对最对最小二乘法的结果有产生一定的偏误，因为最小二乘法是建立在因变量连续的假设基础之上（Green，2000）。布哈斯曼（Bhushan，1989）发现，用 Vuong 检验发现，对于因变量是整数的模型，计数模型比普通最小二乘法估计的效果更优。因此本书采用计数模型对于无形资产资本化对证券分析师跟随的模型进行重新估计，结果表明，用计数模型得出的结果和本书用普通最小二乘法估计的结果是一致的。

第二，把资产负债表中无形资产科目余额为零的公司进行剔除，这样可以在一个更为纯粹的空间里考察无形资产资本化程度和证券分析师预测之间的量化关系。由于无形资产在我国上市公司中普遍存在，大部分企业无形资产的科目余额在资产负债表中并不为零，因此，剔除此外报表中无形资产为零的公司之后的结果和本书主要的结果相一致。

敏感性测试的回归结果列示在表 5 – 8 中，由于篇幅限制，本书仅对主要变量的结果予以列示。

表 5 – 8　　　　企业无形资产资本化对证券分析师跟随影响模型的回归结果

Panel A：用计数模型估计无形资产资本化对证券分析师跟随的影响		
FOLLOW	全样本 （n = 1557）	> MVAD/MV 的中值 （n = 778）	< = MVAD/MV 的中值 （n = 779）
INTANG_MVAD	– 0. 816 （ – 1. 795）*	– 38. 963 （ – 2. 964）***	– 1. 281 （ – 1. 782）*

Panel B：剔除报表中无形资产资为零的样本		
FOLLOW	全样本 （n = 1483）	> MVAD/MV 的中值 （n = 741）	< = MVAD/MV 的中值 （n = 742）
INTANG_MVAD	– 0. 628 （ – 1. 792）*	– 32. 242 （ – 2. 451）***	– 1. 029 （ – 1. 271）
ln_FE_TA INTANG_MVAD	– 0. 45 （2. 81）***	– 5. 18 （ – 2. 95）***	– 0. 83 （ – 3. 19）***
ln_DISP_TA INTANG_MVAD	– 0. 31 （ – 2. 98）***	– 3. 29 （ – 1. 75）*	– 0. 96 （ – 3. 28）***

　　注：变量定义以及算法详见表 5 – 2，方程通过共线性检验，所有变量 VIF 膨胀因子均低于阈值，方程不存在共线性问题，结果均通过怀特（1980）异方差调整。括号内为 t 值，＊表示结果在 0. 10 水平下显著，＊＊表示结果在 0. 05 水平下显著，＊＊＊表示结果在 0. 01 的水平下显著。

5.4.2　基于不同类型的无形资产资本化对分析师盈余预测影响的实证研究

　　在验证基于无形资产总额的企业无形资产资本化对证券分析师盈余预测影响的基础上，为了更深层地考察财务报表中的无形资产信息对证券分析师盈余预测的影响，打开无形资产研究的"理论黑箱"，本书根据无形资产的不同类型、不同属性、不同的信息风险性特征把企业在财务报表中确认的无形资产分为权力型无形资产和技术型无形资产，并根据权力型无形资产和技术型无形资产的同源性和差异性，提出了不同类型的无形资产资本化对证券分析师盈余预测具有不同（或相同）的影响。为了便于理论假设与实证结果的对照，本书对之前提出的假设 5 - 4、假设 5 - 5、假设 5 - 6 进行回顾：

假设 5 - 4：技术型无形资产资本化程度和权力型无形资产资本化程度和证券分析师跟随皆呈负相关关系，其中技术型无形资产资本化与证券分析师跟随之间的负相关关系更为显著。

假设 5 - 5：技术型无形资产资本化与证券分析师盈余预测的误差正相关；权力型无形资产资本化与证券分析师盈余预测的误差负相关。

假设 5 - 6：技术型无形资产资本化与证券分析师盈余预测的分散性正相关；权力型无形资产资本化与证券分析师盈余预测的分散性负相关。

5.4.2.1　变量的选取与模型的建立

由于研究不同类型的无形资产资本化对证券分析师盈余预测的影响是对企业无形资产资本化对证券分析师盈余预测影响的纵深研究，因此，选取的因变量仍然为证券分析师预测跟随（$FOLLOW_{it}$）、证券分析师盈余预测的准确性（$ln\_FE\_TA_{it}$）、证券分析师盈余预测的分散性（$ln\_DISP\_TA_{it}$）。控制变量仍然为：无形资产价值占市值比例（$MVAD\_MV_{it}$）、经营现金流量与负债比例（OP_DEBT_{it}）、公司规模（LG_MV_{it}）、负债杠杆水平（LEV_{it}）、盈余的波动性（EV_{it}）、是否亏损（$LOSS_{it}$）、股票收益率的波动性（VAR_RET_{it}）、上市年限（AGE_{it}）、预测次数（$FOLLOW_{it}$）、行业（INDUSTRY）。由于这些变量在前面都有介绍，在此不再赘述，本节主要对权力型无形资产资本化以及技术型无形资产资本化这两个自变量进行介绍。

（1）自变量——技术型无形资产资本化程度（$TECH\_MVAD_{it}$）。根据前文的描述，财务报表中的技术型无形资产为专利权、非专利技术、商标、软件、其他技术性无形资产的总和。根据无形资产资本化的定义，技术型无形资产的资本化程度可以用以公式来计量：

$$TECH\_MVAD_{it} = \frac{TECH_{it}}{MVAD_{it}} = \frac{TECH_{it}}{(MKV_{it} - BKV_{it}) + INTANGIBLE_{it}}$$

其中，$TECH_{it}$ 为公司 i 第 t 年的年报中财务报表附注中披露的技术型无形资产的账面金额，$MVAD_{it}$ 为公司 i 第 t 年无形资产市场化总价值，其数值上等于公司价值 MKV_{it} 与公司账面净值 BKV_{it} 的差额。因此，$TECH\_MVAD_{it}$ 衡量的是财务报告中披露的技术型无形资产占无形资产总价值的比例，TECH_MVAD$_{it}$越大，企业财务报表中披露的技术型无形资产占无形资产总值的比例越大。

（2）自变量——权力型无形资产资本化程度（RIGHTS_ MVAD$_{it}$）。根据前文的描述，本书把财务报告中确认的无形资产分为权力型无形资产和技术型无形资产。财务报表中的权力型无形资产为土地使用权、特许经营权与其他所有权的总和。根据无形资产资本化的定义与度量，权力型无形资产资本化程度可以用公式计量：

$$RIGHTS\_MVAD_{it} = \frac{RITGHTS_{it}}{MVAD_{it}} = \frac{RITGHTS_{it}}{(MKV_{it} - BKV_{it}) + INTANGIBLE_{it}}$$

其中，RIGHTS$_{it}$为公司 i 在第 t 年的年报财务报表附注中披露的权力型无形资产的账面金额，MVAD$_{it}$为公司 i 第 t 年无形资产市场化总价值，其数值上等于公司价值 MKV$_{it}$ 与公司账面净值 BKV$_{it}$ 的差额。因此，RIGHTS_MVAD$_{it}$衡量的是财务报告中披露的权力型无形资产占无形资产的比例，RIGHTS_MVAD$_{it}$越大，企业财务报表中披露的权力型无形资产占无形资产总价值的比例越大。

根据本书研究不同类型无形资产资本化对证券分析师盈余预测的需要，本书根据理论假设建立考察权力型无形资产和技术型无形资产对证券分析师盈余预测跟随、证券分析师盈余预测准确程度、证券分析师盈余预测分散程度的模型。

为了考察证券分析师对财务报告信息的反应，在模型的设计上必须保证证券分析师在进行盈余预测的时候要根据公司上一年的年报对下一年的年报做预测，即证券分析师盈余预测必须保证在公司上一年年报公布之后。因此，模型中的 FOLLOW$_{it}$、ln_FE_TA$_{it}$和 ln_DISP_TA$_{it}$都是以上一年年报发布之后即（t-1）年 5 月到下一年年报公布之前即 t 年 4 月为计算区间，模型具体形式如下：

模型 5 - 4：权力型无形资产与技术型无形资产对分析师跟随的影响

$$FOLLOW_{it} = \alpha_1 + \beta_1 RIGHTS\_MVAD_{it-1} + \beta_2 TECH\_MVAD_{it-1}$$
$$+ \beta_3 MVAD\_MKV_{tt-1} + \beta_4 OP\_DEBT_{it-1} + \beta_5 LG\_MV_{it-1}$$
$$+ \beta_6 AGE_{it-1} + \beta_7 LOSS_{it-1} + \beta_8 VAR\_RET_{it-1}$$
$$+ \beta_9 EV_{it-1} + \sum INDUSTRY$$

模型 5 - 5：权力型无形资产与技术型无形资产对分析师盈余预测准确性的影响

$$\ln\_FE\_TA_{it} = \alpha_1 + \beta_1 RIGHTS\_MVAD_{it-1} + \beta_2 TECH\_MVAD_{it-1}$$
$$+ \beta_3 MVAD\_MKV_{it-1} + \beta_4 OP\_DEBT_{it-1} + \beta_5 LG\_MV_{it-1}$$
$$+ \beta_6 AGE_{it-1} + \beta_7 LOSS_{it-1} + \beta_8 VAR\_RET_{it-1}$$
$$+ \beta_9 EV_{it-1} + \beta_{10} FOLLOW_{it} + \sum INDUSTRY$$

模型 5 – 6：权力型无形资产与技术型无形资产对分析师盈余预测分散性的影响

$$\ln\_DIS\_TA_{it} = \alpha_1 + \beta_1 RIGHTS\_MVAD_{it-1} + \beta_2 TECH\_MVAD_{it-1}$$
$$+ \beta_3 MVAD\_MKV_{it-1} + \beta_4 OP\_DEBT_{it-1} + \beta_5 LG\_MV_{it-1}$$
$$+ \beta_6 AGE_{it-1} + \beta_7 LOSS_{it-1} + \beta_8 VAR\_RET_{it-1}$$
$$+ \beta_9 EV_{it-1} + \beta_{10} FOLLOW_{it} + \sum INDUSTRY$$

5.4.2.2　样本的选取与描述性统计

由于 CSMAR 数据库从 2007 年开始才提供公司财务报表附注信息，本书采用横截面研究的方法从 CSMAR 数据库中选取证券分析师对企业 2008 年每股盈余的预测数据，并从 CSMAR 数据库中收集被预测公司 2007 年财务年报中无形资产表内附注信息，并根据无形资产明细信息进行手工整理分类，最后与证券分析师盈余预测数据进行匹配，样本选取步骤如下：

（1）剔除在财务报表附注中没有披露无形资产明细信息的公司；

（2）剔除财务报表附中各个无形资产明细项目总和与资本负债表中无形资产总额不符合的公司；

（3）剔除无形资产明细信息归类错误或者有争议的公司；

（4）剔除计算财务指标所需财务数据不可得的公司；剔除研究期间上市和退市的公司，因为计算盈利变动性和股价变动性指标需要至少 3 年的数据；剔除实际每股盈余数据缺失的公司，因为计算证券分析师盈余预测的误差需要公司实际每股盈余数据做参照；剔除证券分析师对其预测次数小于 3 的公司，因为考察证券分析师盈余预测之间的分散性需要 2 个或者 2 个以上的分析师对同一家公司进行预测才有意义。

经过以上程序，本书最终得到 590 个有效样本，并且对样本进行对处于 0～1% 和 99%～100% 之间的极端值样本进行了 WINSORIZE 处理，从而消除了极端值对回归结果的影响，对有效样本的描述性统计见表 5 – 9。

表 5-9　　不同类型无形资产资本化与分析师盈余预测模型的样本描述性统计

统计指标	5%分位数	中位数	均值	95%分位数	标准差
样本数（N=590）：					
$FOLLOW_{it}$	2	10	15.06	47	7.4
$DISP\_TA_{it}$	0.015	0.085	0.135	0.410	0.155
$ln\_DISP\_TA_{it}$	-6.311	-4.610	-4.642	-3.075	0.973
$ABSFE\_TA_{it}$	0.008	0.093	0.204	0.787	0.297
$ln\_FE\_TA_{it}$	-7.117	-4.513	-4.600	-2.597	1.345
$RIGHTS\_MVAD_{it}$	0	0.011	0.024	0.091	0.052
TEC_MVAD_{it}	0	0	0.002	0.08	0.02
$MVAD_{it}$（百万元）	1398	5778	27720	67198	190045
$MVAD/MV_{it}$	0.452	0.79	0.749	0.909	0.166
$LG（MV）_{it}$	21.393	22.782	22.963	25.136	1.195
OP_DEBT_{it}	0.332	1.509	1.855	4.145	1.448
LEV_{it}	0.237	1.014	1.456	3.830	1.876
AGE_{it}	2	9	8.853	16	4.547
VAR_RET_{it}	0.012	0.023	0.26	0.048	0.016
EV_{it}	0.029	0.159	0.241	0.742	0.282

从表 5-9 可以看出，在 2007 年度，在公司财务报告中确认的权力型无形资产占无形资产市场价值比例的均值为 2.4%，在公司财务报告中确认的技术型无形资产占无形资产市场价值比例的均值仅为 0.2%，这说明对财务报告对技术型无形资产的确认远远低于权力型无形资产的确认。这也侧面地说明了技术型无形资产在财务报告中的计量难度要远远高于权力型无形资产，权力型无形资产信息具有更大的稳定性和更小的不确定性。

5.4.2.3　实证结果与分析

为了更清晰地表现不同类型无形资产资本化对证券分析师盈余预测的影响，本书对实证结果列示出预期的负号，从而方便对比实证结果是否与本书的理论预期相符合。

（1）不同类型无形资产资本化对证券分析师跟随影响的模型回归结果。表 5-10 为不同类型无形资产资本化与证券分析师预测跟随之间的回归结果。从表中可以看到，所有变量的回归系数的符号都与预期相一致。即：权利型无形资产占无形资产的比例（RIGHTS_MVAD）和技术型无形资产占无形资产的比例（TECH_MVAD）与证券分析师跟随行为的相关系数均为"负"，其中，技术型无形资产和证券分析师跟随次数之间的负相关关系更为显著。

表5－10   不同类型无形资产资本化与证券分析师盈余预测跟随的模型结果

变量	预期符号	Follow
INTERCEPT	？	-165.062 (-15.680) ***
RIGHTS_MVAD	－	-7.736 0.964
TECH_MVAD	－	-37.083 (-5.581) ***
MVAD/MV	－	-0.669 (-0.2)
OP_DEBT	＋	0.524 (1.725) *
LG（MV）	＋	8.036 (17.621) ***
AGE	＋／－	-0.094 (-0.819)
LOSS	－	-5.287 (-1.797) *
LEV	－	-0.13 (-0.548)
VAR_RET	＋	-79.625 (-2.72) ***
EV	＋	0.663 (1.752) *
INDUSTRY	控制	控制
Adjusted R^2	＋	0.28

注：括号内的数值为T值，*** 、** 、*分别表示显著性水平为1%、5%、10%。

回归结果说明，无论是权力型无形资产信息还是技术型无形资产信息都是有关企业超额盈利和竞争优势源泉的信息，这类信息披露得越多，财务报告使用者对于企业未来盈利和核心优势的了解也就越多，公司的价值越不容易被市场所低估，证券分析师挖掘被市场低估公司从而获利的机会减少，证券分析师对该公司进行盈余预测的动机减弱。此外，技术型无形资产主要通过自主研发的方式取得，和权力型无形资产相比，更能反映企业的竞争优势和价值创造能力，无形资产信息更受投资者关注，对技术型无形资产披露得越多，投资者越能了解企业的核心状况和更容易形成对企业未来盈利能力的预测，对证券分析师盈余预测的需求就更少，证券分析师跟随的动机就更小。

（2）不同类型无形资产资本化对分析师盈余预测准确性影响的回归结果。表 5-11 为不同类型无形资产资本化与分析师盈余预测误差模型的回归结果。

表 5-11　不同类型无形资产资本化对证券分析师盈余预测误差影响的模型结果

变量	预期符号	ln（ABSFE_TA）
INTERCEPT	？	- 8.877 （- 6.093）***
RIGHTS_MVAD	-	- 2.842 （- 2.027）***
TECH_MVAD	+	1.806 （- 1.64）*
MVAD/MV	-	- 0.1913 （- 0.4582）
OP_DEBT	-	- 0.072 （- 1.539）*
LG（MV）	+	0.18539 （2.881）***
AGE	+ / -	- 0.001 （- 0.04）
LOSS	+	1.44382 （3.819）***

续表

变量	预期符号	ln（ABSFE_TA）
LEV	+	0.031 (0.877)
VAR_RET	+	10.271 (2.227)***
EV	+	0.213 (5.045)***
FOLLOW	−	−0.01 (−2.007)**
INDUSTRY	控制	控制
Adjusted R²	+	0.1621

注：括号内的数值为 T 值，***、**、* 分别表示显著性水平为 1%、5%、10%。

从表 5 - 11 可以看出，所有变量的回归系数的符号都与预期相一致。即：技术型无形资产资本化比例（TECH_MVAD）与证券分析师盈余预测的误差"正相关"；权力型无形资产资本化比例（RIGHTS_MVAD）与证券分析师盈余预测的误差"负相关"。

这种结果说明，技术型无形资产的资本化程度（TECH_MVAD）越高，研究开发费用可能越高，对企业利润的影响就越大，财务报表中可被操纵以及不确定性的因素越大，财务报表的可靠性和相关性越差，因此，财务报表最直接的使用者——证券分析师的盈余预测的误差就越大。由于权力型无形资产直接从外部获得无须进行研究开发，而且发挥效用比较稳定，会计处理不存在操纵空间，因此，权力型无形资产资本化的比例越大，财务报告提供的有关企业未来盈利的确定性信息就越多，财务报告的可靠性和相关性就越大，证券分析师盈余预测的误差越小，盈余预测的准确性就越高。

（3）不同类型的无形资产资本化对分析师盈余预测分散性影响的回归结果。表 5 - 12 为不同类型的无形资产资本化对证券分析师盈余预测分散性影响的模型的回归结果。从表 5 - 12 可以看出，所有变量的回归系数的符号都与预期相一致。即：技术型无形资产占无形资产的比例（TECH_MVAD）和证券分析师跟随行为与证券分析师盈余预测的误差正相关（结果不显著，但是负号为正）；权利型无形资产占无形资产的比例（RIGHTS_MVAD）和证券分析师盈余预测的误差负相关。

表 5 – 12　　不同类型无形资产资本化对证券分析师盈余预测分散性影响的模型结果

变量	预期符号	ln（DISP_TA）
INTERCEPT	?	− 7. 39832 （− 7. 011）***
RIGHTS_MVAD	−	− 2. 40938 （− 2. 729）***
TECH_MVAD	+	0. 814 0. 938
MVAD/MV	−	− 0. 048 （− 0. 141）
OP_DEBT	+	0. 44 （1. 587）*
LG（MV）	+	0. 097 （2. 159）***
AGE	−	− 0. 001 0
LOSS	+	1. 025 （2. 857）***
LEV	−	− 0. 081 （− 2. 179）**
VAR_RET	+	8. 226 （3. 517）***
EV	+	0. 174 （5. 668）***
Follow	+	0. 005 （1. 651）*
INDUSTRY	控制	控制
Adjusted R^2	+	0. 1785

注：括号内的数值为 T 值，***、**、* 分别表示显著性水平为 1%、5%、10%。

这种结果说明，技术型无形资产的资本化比例越高，技术型无形资产相对应的研究开发费用可能越多，财务报表中可被操纵以及不确定性的因素越大，财务报表的可靠性和相关性越差，证券分析师进行盈余预测面临的不确定性就越大。在财务信息质量较低的情况下，为了提供更为准确的盈余预测，证券分析师需要动用他们的私人资源去获取有关企业无形资产状况的真实信息，但是由于不同的证券分析师具有不同的私人信息渠道，并且不同的私人信息具有不同的精度，从而导致证券分析师盈余预测的分散性增大。由于权力型无形资产信息具有较强的相关性和可靠性，因此，权力型无形资产的资本化比例越大，财务报告提供的有关企业未来盈利的确定性信息就越多，财务报告的可靠性和相关性就越大，证券分析师盈余预测面临的不确定越小，从而减少对私人信息的依赖，因此盈余预测的分散性有所下降。

5.5 小　　结

本章首先从理论上揭示了企业无形资产资本化和证券分析师盈余预测的耦合机理，并通过建立无形资产资本化、财务信息披露质量、证券分析师盈余预测之间的影响传递机制从理论上提出了无形资产资本化对证券分析师盈余预测"存在影响"的机理，并且进一步提出企业无形资产资本化是"如何影响"证券分析师盈余预测跟随、证券分析师盈余预测误差和证券分析师盈余预测分散性。实证研究发现，企业无形资产资本化程度与证券分析师盈余跟随"负相关"，与证券分析师盈余预测误差"负相关"，与证券分析师盈余预测分散程度"负相关"。这说明企业无形资产资本化程度越高，证券分析师对其进行盈余预测的次数越少，预测的误差越小，预测的分散性越小。

在此基础上，本章试图打开无形资产研究的"理论黑箱"，根据无形资产不同的"信息特征"，把财务报表中确认的无形资产分为"权力型无形资产"和"技术型无形资产"，并对不同类型的无形资产资本化对证券分析师盈余预测跟随、证券分析师盈余预测准确性、证券分析师盈余预测分散性的影响进行再检验，结果发现：权力型无形资产和技术型无形资产与证券分析师跟随皆呈负相关的关系，其中技术型无形资产和证券分析师预跟随之间的负相关关系更为显著；技术型无形资产资本化程度与证券分析师盈余预测的误差以及证券分析师盈余预测的分散性正相关；权力型无形资产资本化程度与证券分析师盈余预测的误差以及证券分析师盈余预测的分散程度负相关，从而说明由于权力型无形资产和技术型无形资产在信息披露中具有异质性，因此权力型无形资产资本化和技术型无形资产资本化对证券分析师跟随、证券分析师盈余预测准确性以及证券分析师盈余预测分散性的影响并不相同。其中，技术型无形资产资本化程度越高，证券分析师预测次数越少，预测误差越大，预测分散性越大；权力型无形资产资本化程度越高，证券分析师预测次数越少，预测误差越小，预测分散性越小。

第6章

财务制度变迁对无形资产资本化与分析师盈余预测之间关系的影响

本书通过分析企业无形资产资本化、财务信息质量与证券分析师盈余预测之间的影响传导建立了无形资产资本化与证券分析师盈余预测之间的理论耦合。总体来说，这种理论上的耦合关系可以用一个影响传导链条来描述，企业无形资产资本化是链条的起点，财务信息披露质量是链条的中间联结，证券分析师盈余预测是链条的终点。前人的经验告诉我们，对起点的分析是发现事情"来龙去脉"的基础（布劳格，1990）。那么究竟是什么因素决定了企业无形资产资本化这一影响传导链条上的"起点"呢？大量的研究表明，财务制度和会计准则是企业无形资产资本化最为重要的影响因素。列弗（1989）认为，造成财务信息披露质量降低的主要原因是由于当前的财务报告准则不能如实地反映企业的无形资产。无形资产披露的充分程度，即无形资产资本化程度和财务报告准则的规定密切相关。

然而，财务报告准则并不是一成不变的死板律例，财务报告准则是随着社会进步和报表使用者需求变化而不断调整的一种制度安排。在经济全球化的潮流下，为了保证财务信息的可比性，多个国家纷纷对本土财务报告准则进行修订，力求实现国际趋同。在这种大背景下，我国于2007年1月1日开始在上市公司范围内实施与国际财务报告准则相趋同的新准则，旨在提高财务信息对财务报告使用者的有用性。在新的财务报告规则的体系下，无形资产准则与之前的旧准则相比，在确认和计量方面均有较大的变动。那么，新准则的实施、财务报告制度的变化会给企业无形资产资本化带来哪些实际的影响？新准则的实施是否会提高财务报表内无形资产信息对证券分析师的有用性？新准则的实施对企业无形资产资本化与证券分析师盈余预测之间的关系会有怎样的影响？这些都是公司管理层、证券分析师、投资者以及财务报告准则制定者迫切想要知道答案的问题。

问题即是方向。本章从财务报告准则、企业无形资产资本化与证券分析师盈余预测的理论上"连动"关系出发，量化了财务准则变更对企业无形资产确认的实际影响，在考察旧准则框架下企业无形资产资本化与证券分析师盈余预测关联的基础上，分析了财务制度变更对无形资产资本化与证券分析师盈余预测之间关系的影响，并对其进行实证检验，从而从证券分析师的视角回答了新准则的实施是否提高了无形资产的表内确认信息对报表使用者的有用性这一重要问题。

6.1　财务报告准则、无形资产资本化、证券分析师盈余预测之间的连动关系

从第 5 章的研究可知，无形资产在财务报表中反映的充分程度，即无形资产资本化程度会影响证券分析师的盈余预测。那么，企业无形资产的资本化程度又是由什么决定的呢？洪剑峭（2004）指出，有两方面的因素会影响企业财务报告反映会计事项的充分程度，一方面是企业的经济活动、会计事项以及内部人的操控；另一方面则是财务报告准则自身对企业财务信息披露的影响。对于无形资产来说，财务报告准则对于企业无形资产在财务报告中的反映程度具有更为重要的意义，因为无形资产有着广阔的经济内涵并且在知识时代的企业中广泛存在，但是却由于财务报告体系的"谨慎"和"陈旧"而不能在企业财务报告中充分体现，因此，财务报告准则在某种意义上决定了无形资产"是否"可以在财务报表中确认以及"如何"在财务报表中计量。由此可见，企业无形资产资本化程度和财务准则的规定密切相关。财务准则对无形资产在财务报表中的确认与计量的规定影响了企业无形资产资本化的程度，从而影响了财务报告的质量。列弗（1989）认为，造成财务报告质量逐年下降的"罪魁祸首"之一就是财务准则不能充分地反映企业日渐增多的无形资产。

财务准则的变更从制度上改变了财务信息披露的方式（自愿披露和强制披露）与财务信息披露的形式（表内确认和表外披露）从而达到提高财务信息披露质量的目标。首先，财务准则的变更改变了企业财务信息披露的方式，即改变了企业自愿披露和强制披露的比例。强制性披露和自愿性披露是两种对立却又互相依存的披露方式。强制性披露在一定程度上可以替代自愿披露，因为公司对于必须披露的内容就没有必要再另行披露，

同时在强制性信息披露质量不高的情况下，上市公司会采用自愿披露的方式向市场发出信号。财务准则的变更会重新规范企业强制披露的内容，改变了强制披露的信息相关性，从而让企业决定是否有必要在强制披露的基础上进行自愿披露。其次，财务准则的变更会改变财务信息披露的形式，即改变了企业财务信息是通过表内确认（即根据会计规则把某一项目作为资产、负债、营业收入等项目的金额正式地列入某一个财务报表的过程。）还是通过表外披露（企业在财务报表外进行的披露，可以不必符合确认的基本标准）来向外界进行信息传达的方式。大量的研究表明，财务信息的表内确认和表外披露在信息传递上具有差异，确认的信息具有更高的可靠性，确认的信息含量高于披露。一般来说，最有用的信息，一般应在财务报表中予以确认（FASB，2002）。财务准则的变更根据报表使用者的需求，重新确定了表内确认的范畴，使得一些原来表外披露的信息必须在报表内以确定的方式出现，从而改变了财务信息披露的可靠性和确定性。因此，财务报告准则的变更通过对信息披露的方式以及信息披露的形式的重新规定，改变了财务信息相关性和可靠性，从而改变了财务信息披露的质量。

对于无形资产来说，首先，无形资产准则的变更改变了无形资产信息披露的方式，原来可以由企业自愿性披露的信息更改为必须强制性在财务报告中披露，但是这种强制性的披露具有一定的弹性，即给予企业一定的会计政策选择权，让企业根据自身的情况，决定无形资产在报表中确认的时机。比如，我国2007年实行的新准则规定，原来由企业自愿披露的无形资产研发费用，现在必须在财务报告中进行强制披露。其次，无形资产准则的变更会改变无形资产信息披露的形式。一些原来只在表外披露的项目，可能会报要求在报表内核算，或者一些原来在报表内部核算的内容现在要求从报表内剔除，这样就在企业经济活动并未发生变动的情况下更改了无形资产在财务报表中的列示数额。由此可见，财务准则的变更通过强制性的行政力量改变了无形资产信息披露的方式、形式，以及计量方法从而对财务报告中的无形资产信息"洗了大澡"，从而改变了企业无形资产在财务报告中披露的充分程度，即企业无形资产资本化的比例。

综上所述，财务准则的变更会对企业无形资本化产生重要的影响，而第5章的研究表明，企业无形资本化会影响证券分析师的盈余预测，因此，财务准则变更、企业无形资产资本化程度以及证券分析师盈余预测具有连动关系。财务准则的变更通过"洗大澡"的方式改变了财务报表对企业无形资产的反映程度，从而影响了证券分析师对企业的盈余预测和投资者的决策。这种连动关系的具体影响路径详见图6-1。

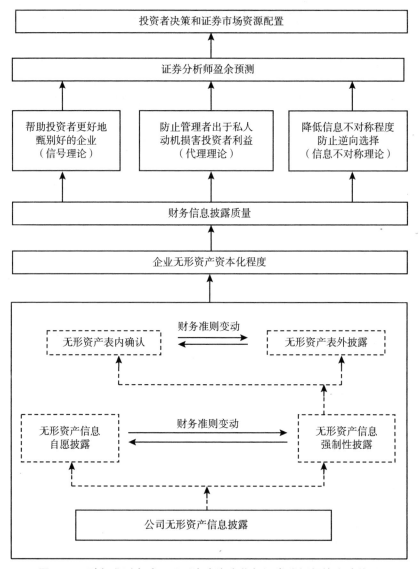

图6-1 财务准则变动、无形资产资本化与证券分析师的连动关系

由图 6-1 可见，财务准则的变更会改变无形资产信息披露的方式（自愿披露 V.S. 强制披露）以及无形资产信息披露的形式（表内确认 V.S. 表外披露），而无形资产信息披露的方式和形式的改变影响了企业无形资产在财务报表中的确认金额，从而影响了企业无形资产资本化程度。而无形资产资本化的变化会影响财务报告信息的相关性和可靠性，从而影响了财务信息披露的质量，并最终影响证券分析师的盈余预测和投资决策、证券市场的资源配置。

财务准则调整的目标在于更好地为财务报告使用者提供对其决策有用的信息，即财务报告使用者可以根据财务信息了解企业的价值，并有利于形成对企业未来盈余的准确预测。证券分析师是公司财务报告最直接、最专业的使用者，更为重要的是，证券分析师盈余预测是否可以准确通过证券分析师盈余预测数据和企业实际的盈余数据差额的大小来衡量。因此，这就给我们提供了一个极佳的视角去观察无形资产准则的变更是否提高了财务报表中无形资产信息对财务报告使用者的"有用性"，同时也进一步揭示了"制度背景"对企业无形资产与证券分析师盈余预测之间关联的影响。

6.2　财务报告准则变更对企业无形资产资本化的影响

随着经济的持续发展，知识创新步伐的不断加快，企业资产中无形资产所占的比重越来越大，对无形资产的核算和信息披露日显重要。同时，经济全球化趋势也不断推动着各国的会计标准走向国际趋同。在这种背景下，财政部于 2006 年 2 月颁布了《企业会计准则第 6 号——无形资产》（以下简称新准则），并定于 2007 年 1 月 1 日起在上市公司范围内实施。新准则多方面借鉴了《国际会计准则第 38 号——无形资产》，在定义、确认、计量以及摊销方面与 2001 年发布的《企业会计准则——无形资产》（以下简称旧准则）相比均有较大的变动。无形资产新准则的目标不仅仅是为了提高会计的国际可比性，更为根本性的目标在于提高财务报表中无形资产信息对报表使用者的"有用性"。那么，无形资产新准则的实施是否达到了财务报告准变更的目的？和无形资产旧准则相比，无形资产新准则是否会提高无形资产信息的有用性？要想解答这一问题，首先要了解无形资产新旧准则在规定上的差异以及无形资产新准则的实施对企业无形资产确认的影响。本节将对此分别予以分析。

6.2.1 无形资产新旧准则内容对比及评析

财政部于 2006 年 2 月颁布了《企业会计准则第 6 号——无形资产》（以下简称新准则），并定于 2007 年 1 月 1 日起在上市公司范围内实施。新准则多方面借鉴了《国际会计准则第 38 号——无形资产》，在定义、确认、计量以及摊销方面与 2001 年发布的无形资产旧准则相比，均有较大的变动，这些变动主要体现在以下几个方面。

第一，无形资产的适用范围不同。旧准则规定企业合并过程中产生的商誉是不可辨认的无形资产，新准则更加强调无形资产的可辨认性，明确规定把企业合并产生的商誉排除在无形资产范围之外。同时新准则明确规定企业内部产生的品牌、报刊名、刊头、客户名单由于不能单独确定成本而不应确认为无形资产。

第二，研究开发费用的会计处理不同。旧准则规定企业自行开发的无形资产在申请取得前发生的研究和开发费用，应于发生时确认为当期费用。新准则把研发过程分为研究阶段和开发阶段，对于研究阶段产生的支出仍然予以费用化处理，对于开发阶段产生的支出，符合资本化条件的予以资本化。

第三，无形资产的后续计量不同。新准则区分使用寿命有限和使用寿命无限的无形资产，对使用寿命有限的无形资产通过估计其使用寿命的年限或者其他适合方式来确定摊销期限，对使用寿命不确定的无形资产不做摊销处理，只做减值测试。

第四，无形资产减值转回。旧准则规定，前期已经确认的无形资产减值损失如果以后在会计期间恢复的，可以予以转回，计入当前损益。对无形资产的减值转回做了禁止性的规定，前期已经确认的资产减值损失一经确认，在以后期间不得转回。

第五，交换型无形资产的计量基础不同。在旧准则下，企业通过交易取得的无形资产采用历史成本计价。无形资产新准则鼓励企业在进行无形资产交换这一非货币性交易的过程中采用公允价值入账。

第六，无形资产明细的披露要求不同。旧准则对无形资产的明细披露并没有明确要求。新准则借鉴了国际会计准则的做法，要求企业在报表附注中披露包括期初期末账面余额、累计摊销额及累计减值损失、使用寿命有限的无形资产的寿命估计情况、摊销方法、计入当期损益和确认为无形资产的开发支出的信息。

为了方便对比，本节把新准则和旧准则的差异列表，详见表6-1。

表6-1　　　无形资产新旧会计准则在确认和计量方面的对照分析

无形资产新旧准则的不同之处	旧会计准则（2002~2006年）	新会计准则（2007年至今）
合并过程中形成的商誉	合并形成的商誉是不可辨认无形资产	合并形成的商誉不再属于无形资产范畴
研究开发费用	研究开发费用全部费用化处理并计入当期损益	区分研究阶段与开发阶段。研究阶段的有关支出进行费用化处理。对于符合条件的开发支出，予以资本化，符合条件的转入无形资产
无形资产摊销	分期摊销计入损益	区分使用寿命有限和使用寿命不确定的无形资产，对于使用寿命不确定的无形资产不再摊销，只进行减值测试
无形资产减值转回	前期已经确认的无形资产减值损失如果以后在会计期间恢复的，可以予以转回，计入当前损益	对无形资产的减值转回作了禁止性的规定，前期已经确认的资产减值损失一经确认，在以后期间不得转回
交换性无形资产的计量基础不同	企业通过交易取得的无形资产采用历史成本计价	无形资产新准则鼓励企业在进行无形资产交换这一非货币性交易的过程中采用公允价值入账
无形资产明细在会计报表中的披露	对于无形资产的明细披露没有明细具体要求	要求在报表中披露无形资产分类、无形资产的期初和期末账面余额、累计摊销额及减值准备累计金额。使得原来具有高度隐蔽性的无形资产在表上得到直接反映

从无形资产新旧准则的对照分析表来看，商誉被排除在无形资产之外、研究开发费用的条件资本化处理、无形资产摊销和减值转回的变动都会对资产负债表中无形资产项目的科目余额产生影响，但是这样影响的重要程度并不相同。首先，新准则规定合并商誉不再属于无形资产，并不会对无形资产科目余额产生重大影响。这是因为在旧准则的框架下，合并商誉虽然在概念上被确认为无形资产，但是在实际的计量中，却并没有把企业合并形成的商誉纳入无形资产科目，而是把合并形成的商誉放在"合并

价差"下计量。其次，无形资产摊销和减值方式的变动放松了摊销年限的"一刀切"模式以及去除了管理者利用减值转回来操纵企业的利润，总体来说，只是从无形资产的后续计量上做出了调整，对无形资产科目余额的影响非常有限。最后，企业研究开发支出由全部计入费用变成有条件的计入无形资产，对无形资产的科目余额以及企业利润的影响最为巨大，因此是无形资产会计处理的核心问题，本书将对其进行重点分析。

由于知识经济的来临改变了企业的投入方式，对于无形资产的投资成为各个企业创造核心竞争优势的主要手段。然而，无形资产的研究开发过程需要巨额支出，并且这部分巨额支出具有"沉落成本"的性质和巨大风险（即一旦失败，颗粒无收），我国无形资产旧准则从谨慎性原则的角度出发，规定无形资产投资产生的开发支出在产生之时，全部计入当期费用，冲减企业的利润，而一旦研制成功，只有无形资产的律师费用和注册费用才在"可验证性"的借口下被计入无形资产，这些费用和前期投入相比则微乎其微，大量的前期投入不但不能作为资产在报表中列示，反而会对企业的当期利润产生巨大的冲减，从而对企业的财务信息披露质量产生了重大的影响。这种影响主要有以下几方面：（1）企业无形资产价值被严重低估，公司内部和外部对无形资产的信息极度不对称；（2）极度的信息不对称导致财务信息缺乏信号传递功能和缺乏透明度，这种低透明度为企业内部人进行会计操纵以及进行非公平性交易提供了获利的空间，从而损伤了投资者的交易信心；（3）无形资产信息披露的缺乏将导致"劣币驱逐良币"的现象的出现，由于具有大量无形资产的公司在财务报表中不能显示企业的无形资产优势，从而导致投资者不能甄别具有优势的企业、影响了证券市场的资源配置功能。列弗（2001）指出，无形资产本身的不确定性增加了公司价值的不确定性，而不确定性的程度与无形资产投入的强度正相关，正是由于这种混浊的计量方式，使得投资者对企业的价值更不不确定。

针对这种弊端，我国无形资产新准则规定，把研发过程分为研究阶段和开发阶段，对于研究阶段产生的支出仍然予以费用化处理，对于开发阶段产生的支出，符合资本化条件的予以资本化处理，这种研发费用部分资本化的处理方式的理论依据在于，研究阶段具有较大的不确定性而随着无形资产开发阶段的进行，投入的风险性不断降低，开发阶段基本上可以确定无形资产是否可以为企业带来未来收益，因此，符合资产的确认条件，被计入无形资产。

本书认为，新准则对无形资产研发费用的"有条件资本化"的新规定和旧准则的"全部费用化"的处理方式相比是一种"进步"。其原因在于以下几个方面。

（1）研发费用的有条件资本化处理在一定条件下，把一部分旧准则框架下满足无形资产经济性质但是却又未被计入无形资产的无形资源重新纳入无形资产科目中，从而提高了无形资产在资产负债表中的反映程度（即无形资产资本化程度，从而增强了报表无形资产信息的"相关性"）。

（2）研发费用的有条件资本化处理改善了无形资产在报表内的信息质量，使得无形资产科目信息能够更为真实地反映企业无形资产的真实状况，从而提高了无形资产信息的"可靠性"。

（3）研发费用的有条件资本化处理和旧准则的全部费用化处理相比，"并未"增加管理者操纵企业利润的空间。虽然大部分学者提出，由于研究阶段和开发阶段并不容易区分，因此，对于资本化条件的放松使得公司管理者在"强制披露"的幌子下有了更多的会计政策选择的空间，从而使得管理者有更多的机会利用研发支出资本化对企业利润进行操纵，比如把费用计入无形资产，从而虚增了企业的利润（宗文龙等，2010）。本书认为，尽管上述的担心并不是完全没有道理，即使是在旧准则框架下，无形资产开发支出完全"费用化"看似缩小了会计政策的选择空间甚至更具政策刚性，但是其实管理层却仍然有可能相机进行利润操纵。因为管理当局可以完全掌握无形资产何时进行"费用化"的时机。比如当管理者薪酬和公司业绩挂钩的情况下，管理者可能处于个人私利的考虑，有选择地在某一年将研发支出进行披露，并进行完全费用化处理。因此，不论是有"条件资本化"还是"选择时机费用化"，都会给管理者留下一定的利润操纵空间。但是从作用上来说，全部费用化是无形资产支出按照100%的比例对当期的利润进行影响，而有条件资本化对当期利润的影响则是1/n的比例（n为摊销年限）。因此，有"有条件资本化"的利润操纵结果未必比"全部费用化"的利润操纵后果严重[①]。

（4）有条件资本化给管理者一定的空间根据企业无形资产投入的周期向投资者发出企业具有优势的信号，从而降低企业的资本成本。尽管有条件资本化会给小部分的管理者留下利润的空间，但是瓦特（2005）的研究发现，在管理具有充分选择权的状况下，管理考虑是否要进行无形资产资

---

① 参考葛家澍、杜兴强：《无形资产会计的相关问题：综评与探讨》，载《财会通讯》2002年第9期。

本化的最重要的因素是企业无形资产投资的周期以及无形资产开发的客观经济要素。这就为我们提供了一个重要的思路，尽管管理者有利润操纵的动机，但是企业的客观状况是大部分管理者首先考虑的要素。适当地给管理者一定的会计选择权，会让一些真正具有大量无形资产的资源向市场充分披露，从而充分发挥了财务信息披露的信号显示功能，优化了证券市场的资源配置。对于无形资产研发费用的处理上来说，"大概的对比精确的错"更可取（葛家澍，2002）。

综上所述，我国 2007 年开始实施的无形资产新准则通过对无形资产确认计量的新规定（主要是研究开发支出有条件资本化的规定）从理论上扩大了无形资产在财务报告中的反映范围，提高了企业无形资产资本化程度，使资产负债表中的无形资产信息更具相关性和可靠性，因此，提高了财务报告的质量。

6.2.2 新旧准则框架下企业无形资产资本化的数量差异

从前文对无形资产新旧准则的内容对比以及对无形资产新准则的分析可知，无形资产新准则把原来全部计入费用的研发支出进行有条件资本化，在理论上提高了无形资产在财务报表中的确认金额，从而增加了无形资产资本化的程度。

然而，理论上的结论需要事实来检验。自 2007 年 1 月 1 日起，我国实施新会计准则体系已有十年，随着 A 股上市公司新准则年报的陆续发布，无形资产新准则的影响逐渐明晰。2007 年颁布的无形资产新准则究竟对企业无形资产在财务报表中的确认与计量以有怎样的实际影响？资产负债表上无形资产科目的余额在新旧准则两种体系下会有多大差异？本书通过搜集特殊的会计数据对 A 股上市公司在相同年度在新旧准则两种体系下披露的无形资产数据进行截面差异分析，从而量化了新会计准则的实施对企业无形资产信息披露的实际影响，为后文的分析提供了理论支持。

为了考察单纯准则因素导致的无形资产计量差异，就必须排除不同年份企业经营情况的变动对财务报表中无形资产科目余额的影响，因此，本书采用了对 A 股上市公司同一财务年度的在新旧准则两种体系下的无形资产报表数据进行比对分析的方法进行研究。根据财政部的规定，第一份采用新准则的公司年报必须对前一年（即 2006 年）的会计报表进行追溯性的调整，即 2007 年年报中披露的 2006 年的财务数据也必须是采用新会计准则计算得出的。这样的规定使我们可以通过 A 股上市公司 2007 年的年报获得采用新准则编制的 2006 年报。这样，我们可以得到 A 股上市公司 2006 年度在新旧两种准则框架下的两份财务报表，为本书量化单纯准则因素对无形资产资本化的影响提供了可能。

本书收集了 WIND 数据库中 2006 年 A 股上市公司在旧准则框架下披露的无形资产及相关科目数据以及 A 股上市公司追溯披露的在新准则框架下的 2006 年的无形资产及相关科目数据，并对新旧准则两种体系下的无形资产差异进行统计分析。所选样本公司剔除了金融行公司以及数据缺失的公司，最终所得样本数为 1295。统计结果详见表 6 - 2。

表 6 - 2　　　　　　无形资产资本化在新旧准则框架下的差异统计

新旧准则下无形资产数值有差异的公司统计：	新准则下的无形资产数值 = 旧准则下的无形资产数值的公司		新准则下的无形资产数值 < 旧准则下的无形资产数值的公司		新准则下的无形资产数值 > 旧准则下的无形资产数值的公司		合计
公司数	585		239		471		1295
占整个样本的比例	45. 17%		18. 46%		36. 37%		100%
占变动公司的比例	—		33. 67		66. 33%		100%
新旧准则下公司的无形资产数值差异：	最小值	25%分位数	中位数	均值	75%分位数	最大值	标准差
无形资产净值的变化	- 99329	0	0	2661. 4	970. 2	47002. 2	21200. 6
无形资产净值变化与总资产的比率	- 63. 34%	0	0	0. 38%	0. 46%	20%	0. 0359
无形资产占总资产比例的变动	- 63. 30%	- 0. 07%	- 0. 001%	0. 19%	0. 39%	20. 40%	0. 036
无形资产净值变化的绝对值	0	0	65. 3	4168. 8	2222. 8	470702. 2	20956. 2
无形资产净值变化的绝对值与总资产的比率	0	0	0. 00042	0. 013	0. 011	0. 633	0. 033

注：无形资产净额的变化，无形资产净值绝对值的变化的度量单位为万元。新旧准则下无形资产的差异 = 新准则的无形资产净额 - 旧准则下无形资产净额数来度量。无形资产净值变化与总资产的比率中的总资产为旧准则框架下的总资产存量。

由表 6 - 2 可见：（1）在 2006 年 A 股 1295 家上市公司中，只有 585 家公司的无形资产净额在新旧准则两种体系下未发生变化，其余的 710 家公司无形资产净额均发生了增减变动，占整个样本数的 54.8%，此项数据说明无形资产新准则对 A 股上市公司的影响广泛。（2）其中，由于采用新准则计量导致无形资产净额增加的公司有 471 家，占整个样本的 36.37%，占变动样本数的 66.3%；采用新准则计量导致无形资产净额减少的公司有 239 家，占整个样本的 18.46%，占变动样本数的 33.67%。这说明新准则的计量方法导致大部分公司资产负债表上无形资产存量得以增加。（3）从变动幅度上看，采用新准则计量导致无形资产净值的变化的中位数为 0，均值为 2661.4 万元，最小值为 –99329 万元（000006 深振业 A），最大值为 47002.2 万元（600050 中国联通）。说明个别公司由于采纳新准则导致无形资产净额增加变动巨大，巨额变动的原因可能是由于新准则中把合并商誉从无形资产中剥离出去或者开发阶段的费用可以计入无形资产。（4）从无形资产占总资产比例的来看，从均值上看，采用新准则计量的无形资产占总资产比例比采用旧准则计量提高了 0.19%。

此外，本书对 2004～2009 年 A 股公司财务报表中的无形资产净额以及无形资产占总资产的比例进行时间序列统计分析，样本剔除了金融业企业和无形资产净额为 0 的公司。其中 2004～2006 年的数据是企业根据旧准则披露的，2007～2009 年的数据是企业根据新准则披露的。统计分析结果见图 6 - 2 和图 6 - 3。

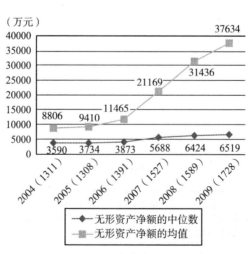

图 6 - 2　无形资产净额变动趋势

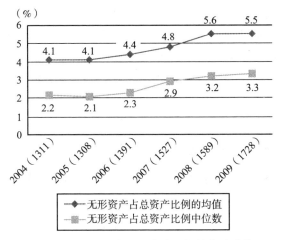

图6-3　无形资产占总资产比例的变动趋势

从图6-2和图6-3可知：（1）无形资产净额不为零的公司数从2004年的1311家上升至2009年的1728家，大部分A股上市公司都拥有无形资产，并且有无形资的公司在逐年增多。（2）无形资产净额的均值和中位数从2007年开始有了显著的跳跃性提高。其中无形资产净额的中位数由2006年的3873万元提高到2007年的5688万元，无形资产净额的均值由2006年的11465万元提高到2007年的21169万元，在2007年之后，无形资产的均值平缓增加。（3）无形资产占总资产的比例在2007年也有了跳跃性的增长，并在2007年之后持续增加。造成2007年A股上市公司无形资产净额和无形资产占总资产比例跳跃性增长的原因当然不排除是由于2007年上市公司增加了更多的权利资产和技术类开发项目，但是本书认为主要的原因是无形资产新准则的实施。新准则中把符合条件的开发支出予以资本化以及对无形资产摊销以及减值方面的新规定对无形资产净额会产生较大的增加性影响。尽管新准则把合并企业产生的商誉排除在外，但是由于拥有合并产生商誉的企业数量不多，而且在旧准则下商誉在合并价差下计量且鲜有企业在无形资产报表附注中予以披露，新准则下合并商誉的剥离并未对无形资产净额产生太大的减少性影响。综上所述，新准则实施的第一年，我国A股上市公司的无形资产净额以及无形资产占总资产的比例总体上有了跳跃式的增长，增长的幅度在2008年以后趋于平缓。

综上所述，本节通过研究新旧准则两种框架下企业无形资产的横截面计量差异以及无形资产科目在新准则采用之前和之后的时间序列变动趋势，量化了《企业会计准则第 6 号——无形资产》对 A 股上市公司无形资产资本化的实际影响。研究表明，新准则的实施对上市公司财务报表中的无形资产净额以及无形资产占总资产的比例有着显著的增量效应，因此提高了企业无形资产资本化程度。

6.3 财务报告准则变更对无形资产资本化与分析师盈余预测之间关系的影响

通过前文的理论分析以及数量化的证据可知，我国 2007 年开始实施的无形资产新准则通过对无形资产确认计量的新规定扩大了无形资产在财务报告中的反映范围，提高了企业无形资产资本化程度，使资产负债表中的无形资产信息更具相关性和可靠性，因此提高了财务报告的质量。由于企业无形资产资本化程度与证券分析师的盈余预测之间存在着影响机理（见第 5 章的理论分析），那么无形资产准则的变更必定会影响企业无形资产化和证券分析师盈余预测之间的关系。即无形资产准则变更会改变财务报表中确认的无形资产信息对证券分析师（财务报告最直接和最为专业的使用者）的有用性。无形资产资本化与证券分析师盈余预测的相关程度越强，财务报表中确认的无形资产对证券分析盈余预测的影响越大，财务报表中确认的无形资产信息的有用性就越大。

新准则的实施是否会提高无形资产表内信息对证券分析师的有用性呢？本节以旧准则框架下的一份"证券分析师如何看待财务报表中的无形资产信息"的调查问卷为研究起点，在分析旧准则框架下的企业无形资产资本化和证券分析师盈余预测的关系的基础上，分析了财务报告准则变更将会如何影响无形资产资本化与证券分析师盈余预测（预测跟随、预测准确程度、预测分散程度）之间的关联，从而提出了本章的核心假设。

6.3.1 旧准则框架下无形资产资本化与证券分析师盈余预测

要想了解事物的变化，必须先了解事物的过去。对于新准则的实施是否会提高资产负债表中无形资产信息对证券分析师的有用性（即无形资产资本化与证券分析师盈余预测的关系），先要了解在旧准则框架下财务报表中的无形资产信息对证券分析师盈余预测的有用性。对于旧准则框架下财务报表中的无形资产信息对证券分析师盈余预测有用性，现存的文献只有邵红霞（2006）[①]，该篇文章通过对证券分析师进行问卷调查的方式，得出证券分析师对财务报表中的无形资产信息有用性的评价。社会学家纽曼（Newman，2003）指出，在研究社会公众对事物的具体看法时，调查研究具有直接性又具有统计性，是一种恰当而且有价值的研究方法。鉴于此，本书把这份问卷调查作为旧准则框架下财务报表中的无形资产信息对证券分析师盈余预测的有用性的研究起点，并在此基础上提出假设。

邵红霞（2006）通过对证券分析师发放调查问卷的方式，得出了在旧准则框架下证券分析师对我国上市公司无形资产价值的看法、证券分析师对无形资产会计信息的使用情况，以及证券分析师对无形资产会计信息披露状况的评价。为了对该问卷调查的结论有更清晰的了解，本书将其重要结果列示，见表6-3。

表6-3　　　　　　　　　　　　对证券分析师的问卷调查

问卷1	无形资产对企业价值影响的变化趋势				
	迅速提高	一定程度提高	没有变化	下降	合计
个数	26	42	2	0	70
比例	37.14%	60%	2.86%	0.00%	100%
问卷2	对企业进行估值时对财务报表内无形资产的考虑				
	考虑		不考虑		合计
个数	20		49		69
比例	29.99%		71.01%		100%
问卷3	对企业进行估值时分析师对研究开发支出的考虑				
	考虑		不考虑		合计
个数	41		28		69
比例	59.42%		40.58%		100%

[①] 参考邵红霞：《我国上市公司无形资产价值相关性研究》，复旦大学2006年博士学位论文。

续表

问卷4	分析师对财务报表中的无形资产信息使用情况			
	直接引用	对数据进行调整后使用	不使用	合计
个数	22	26	21	69
比例	31.88%	37.68%	30.43%	100%
问卷5	对无形资产会计准则反应无形资产状况的评价			
	高估	如实反映	低估	无法判断	合计
个数	6	1	37	26	70
比例	8.57%	1.43%	52.86%	37.14%	100%
问卷6	对年度报告中无形资产信息有用性的评价			
	非常有用	一定程度有用	没有用	无法判断	合计
个数	2	48	16	4	70
比例	2.86%	68.57%	22.86%	5.71%	100%
问卷7	对研究开发支出会计处理的态度			
	全部费用化	有条件资本化	全部资本化	合计
个数	21	42	7	70
比例	30%	60%	10%	100%

资料来源：邵红霞：《我国上市公司无形资产价值相关性研究》，复旦大学2006年博士学位论文，第132~143页。

由表6-3可见[①]：（1）认为无形资产对企业价值影响迅速提高和一定程度提高的分析师为68个，占总有效样本数的97.14%，这表明我国证券分析师一致性认可无形资产在新形势下对企业价值的驱动作用。（2）只有28.99%的被调查分析师会对无形资产因素加以考虑。不过有59.42%的分析师会考虑企业研究开发支出的因素，他们主要是通过对上市公司进行实地调研，或者咨询上市公司方式取得研究开发支出的信息。（3）在分析无形资产因素对企业价值的影响时，30.43%的分析师不会使用上市公司年度报告中披露的无形资产信息，只有31.88%的人会直接使用公司年

---

① 对问卷的分析直接引用邵红霞：《我国上市公司无形资产价值相关性研究》。

报中无形资产信息，另外的 37.68% 会对无形资产信息加以调整后再使用。（4）认为现有无形资产会计准则"高估"和"如实反映"无形资产价值的仅占 10%，52.86% 的分析师认为无形资产价值明显被低估。自然，上市公司年度报告提供的无形资产信息有用性也不足，认为非常有用的只有 2.86%，认为没有用的占到 22.86%。（5）在研发支出的处理上，作为专业人士的财务分析师支持研发支出全部费用化的有 21 人，而支持有条件的资本化的分析师占总样本的 60%，另有 10% 的分析师支持全部资本化的观点。

从上述分析来看，在企业旧准则的框架下，一方面，我国证券分析师充分地认识到了无形资产对企业价值的影响；另一方面，证券分析师在对上市公司进行价值和风险评价时却很少考虑财务报表中的无形资产（包括研究开发支出）的因素，即使考虑也很少直接使用上市公司年度报告披露的无形资产数据，产生上述结果的原因可能在于上市公司无形资产信息披露的不规范、不充分以及无形资产信息获取的困难。并且作为专业人士的证券分析师普遍性地认为现行的财务报告中的无形资产信息低估了企业无形资产的状况，他们建议有条件资本化研发费用，从而提高财务报表中的无形资产信息的有用性。

综合之前的分析和问卷调查的结果，本书可以推理如下，在旧准则的框架下，由于证券分析师普遍性地认为现行研发支出的完全费用化处理低估了企业无形资产的状况，财务报表中的无形资产科目余额不能充分地反映企业无形资产的信息，因此在对上市公司进行价值和风险评价时很少考虑无形资产（包括研究开发支出）的因素，即使考虑也很少直接使用上市公司年度报告披露的无形资产数据，因此，旧准则框架下的财务报表中的无形资产信息对证券分析师基本上"无用"，而这种报表信息的"失效"导致了企业无形资产资本化比例和证券分析师盈余预测"不相关"。由此，本书提出如下假设：

假设 6-1：在旧准则的框架下，由财务报表中的无形资产信息失效致企业无形资产资本化与证券分析师盈余预测跟随不相关；

假设 6-2：在旧准则的框架下，由财务报表中的无形资产信息失效致企业无形资产资本化和证券分析师盈余预测误差不相关；

假设 6-3：在旧准则的框架下，由财务报表中的无形资产信息失效致无形资产资本化和证券分析师盈余预测的分散性不相关。

6.3.2 新准则的实施对无形资产资本化与分析师盈余预测关联的影响

由 6.3.1 节对邵红霞（2006）的问卷调查回顾可知，在旧准则的框架下，证券分析师普遍性地认为现行研发支出的完全费用化处理低估了企业无形资产的状况，财务报表中的无形资产科目余额不能充分地反映企业无形资产的信息，因此证券分析师在对上市公司进行价值和风险评价时"采用用脚投票"的方式，放弃对年度财务报表中无形资产信息的使用，从而使得无形资产表内信息"严重失效"。60% 的证券分析师大力地呼吁对无形资产研究开发支出应该采用"有条件资本化"的处理方法，从而提高无形资产在财务报表中的资本化程度，改善无形资产报表内的确认信息的有用性。我国 2007 年 1 月 1 日实施的无形资产新准则借鉴无形资产国际准则的规定，废除了研发支出"全部费用化"，采用研发支出"有条件资本化"，这似乎顺应了证券分析师的呼吁。那么，无形资产新准则的实施真正提高了资本化的无形资产对证券分析师的"有用性"了吗？即无形资产新准则的实施"是否加强了"资本化的无形资产与证券分析师盈余预测的"关联性"？本书将从证券分析师盈余预测的三个维度来分析无形资产新准则的实施对企业无形资产资本化与证券分析师盈余预测之间关联的影响。

（1）新准则的实施对无形资产资本化与证券分析师跟随之间关联的影响。由前面的分析和问卷调查的结果可知，由于旧准则采用研发支出费用化的处理方式，低估了企业无形资产的状况，财务报表中的无形资产科目余额不能充分地反映企业无形资产的信息，因此证券分析师在对上市公司进行价值和风险评价时"采用用脚投票"的方式，放弃对年度财务报表中无形资产信息的使用，从而使得无形资产表内信息"严重失效"。无形资产新准则采用"有条件资本化"的方式对研发支出进行处理，从而扩大了财务报表中无形资产数据的核算范围，使得具有大量研发费用的企业可以通过资本化处理而计入公司资产，因此，将其无形资产优势通过财务报表传递给信息使用者，从而使资本化的无形资产信息更具相关性和可靠性，因此，**财务报表内资本化的无形资产信息对证券分析师更具有用性**，证券分析师在对企业估值的时候会通过资产负债表内无形资产的数据获得一定的有效信息，并决定是否对其进行盈余预测。

在财务报表内无形资产信息有效的情况下，企业无形资产资本化的程度越高，即企业无形资产在财务报表中反映得越充分，企业被低估价值被低估的可能性越小，证券分析师对其盈余预测的获利空间就越小，因此证券分析师提供盈余预测服务的动机就越小。由此，本书提出假设：

假设6-4：与旧准则相比，新准则框架下企业无形资产资本化与证券分析师盈余预测跟随之间的关联显著增强，且呈负相关关系。

（2）新准则的实施对企业无形资产资本化与证券分析师预测准确性之间关联的影响。由于旧准则框架下，财务报表无形资产信息不能充分、客观地反映企业无形资产的真实状况，证券分析师在对企业进行盈余预测的时候，不会考虑或者很少考虑用财务报表内的无形资产信息进行预测，证券分析师会通过其他的渠道了解企业无形资产的状况。因此，在旧准则的框架下，证券分析师盈余预测的误差和企业无形资产的资本化程度无关。随着无形资产新准则的实施，企业的研发费用得以有条件的资本化处理，与无形资产旧准则相比，财务报表中资本化的无形资产范围有所增加，财务报表的无形资产信息的相关性和可靠性增强，因此证券分析师在对企业进行盈余预测的时候，会充分利用财务报表内无形资产的有效信息对企业进行盈余预测。在无形资产信息质量得以提高、有用性得以增强的前提下，企业无形资产在财务报表中反映的程度越充分，证券分析师盈余预测的误差越小。由此，本书提出以下假设：

假设6-5：与旧准则相比，新准则框架下企业无形资产资本化与证券分析师盈余预测误差之间的关联显著增强，且呈负相关关系。

新准则的实施显著地增强了企业无形资产资本化与证券分析师盈余预测误差之间的关联，并且这种关联的增强应该显著为负，即新准则的实施使得企业无形资产资本化与证券分析师盈余误差之间具有更强的负相关关系。

（3）新准则的实施对企业无形资产资本化与证券分析师预测分散性之间关联的影响。在旧准则框架下，由于财务报表无形资产信息不充分、不客观，证券分析师在对企业进行盈余预测的时候，即证券分析师会减少对财务报表中无形资产信息的使用，证券分析师会选择通过其他的渠道了解企业无形资产的状况。因此，在旧准则的框架下，证券分析师盈余预测的分散性和企业无形资产资本化程度无关。随着无形资产新准则的实施，企业的研发费用得以资本化处理，财务报表的无形资产信息的相关性和可靠性增加，因此证券分析师在对企业进行盈余预测的时候，会充分利用财务报表内无形资产的有效信息对企业进行盈余预测。

在无形资产信息质量得以提高、有用性得以增强的前提下，证券分析师会增强对财务报表中无形资产信息的使用，从而减少对其私人资源的依靠，从而使得企业无形资产资本化和证券分析师盈余预测分散性的关联增强，财务报表企业无形资产在财务报表中反映的程度越充分，证券分析师对表内无形资产信息的使用越多，证券分析师群体的不确定性越小，预测分散性越小。由此，本书提出以下假设：

假设6-6：与旧准则相比，新准则框架下企业无形资产资本化与证券分析师盈余预测分散性之间的关联显著增强，且呈负相关关系。

6.4 财务制度变迁对无形资产资本化与分析师盈余预测之间关联的影响的实证分析

针对假设6-1～假设6-6，本书分别对旧准则框架下的企业无形资产资本化和证券分析师盈余预测之间的关联，以及新准则的实施对企业无形资产资本化与证券分析师盈余预测关联的影响进行实证检验。由于这两个检验的样本时间窗和所用的变量不完全相同，本节将分别对其进行分析。

6.4.1 旧准则框架下无形资产资本化与分析师盈余预测关联的实证研究

本节分析了在旧准则的框架下，财务报表中的无形资产科目余额不能充分地反映企业无形资产的信息，因此，旧准则框架下的财务报表中的无形资产信息对证券分析师基本上"无用"，而这种报表信息的"失效"导致了企业无形资产资本化比例和证券分析师盈余预测"不相关"。为了方便理论假设与实证结果的对照，本章对之前提出的假设6-1～假设6-3进行回顾：

假设6-1：在旧准则的框架下，由财务报表中的无形资产信息失效致企业无形资产资本化与证券分析师盈余预测跟随不相关；

假设6-2：在旧准则的框架下，由财务报表中的无形资产信息失效致企业无形资产资本化和证券分析师盈余预测误差不相关；

假设6-3：在旧准则的框架下，由财务报表中的无形资产信息失效致无形资产资本化和证券分析师盈余预测的分散性不相关。

6.4.1.1　样本的选取与模型的构建

我国在2007年1月实施了新的无形资产准则，因此本书选取2002～2006年（即无形资产旧准则开始实施到无形资产旧准则作废）作为旧准则框架下无形资产资本化与分析盈余预测关联研究的时间窗。具体来说，本书从CSMAR数据库中选取了2002～2007年所有的证券分析师盈余预测数据，并从CSMAR数据库中搜集2001～2006[①]年被预测公司的无形资产以及其他财务数据与其相匹配。

本书的样本选取步骤如下：（1）剔除计算财务指标所需财务数据不可得的公司；（2）剔除研究期间上市和退市的公司，因为计算盈利变动性和股价变动性指标需要至少3年的数据；（3）剔除实际每股盈余数据缺失的公司，因为计算证券分析师盈余预测的误差需要公司实际每股盈余数据做参照；（4）剔除证券分析师对其预测次数小于3的公司，因为考察证券分析师盈余预测之间的分歧需要2个或者2个以上的分析师对同一家公司进行预测才有意义。经过以上程序[②]，对于旧准则框架下的研究，本书最终得到1151个有效样本。

由于对旧准则框架下企业无形资产资本化和证券分析师盈余之间关联研究采用的模型为：

模型6-1：旧准则框架下企业无形资产资本化与证券分析师跟随。

$$FOLLOW_{it} = \alpha_1 + \beta_1 INTANG\_MVAD_{it-1} + \beta_2 MVAD\_MKV_{tt-1}$$
$$+ \beta_3 OP\_DEBT_{it-1} + \beta_4 LG\_MV_{it-1} + \beta_5 AGE_{it-1}$$
$$+ \beta_6 LOSS_{it-1} + \beta_7 VAR\_RET_{it-1} + \beta_8 EV_{it-1}$$
$$+ \sum YEAR + \sum INDUSTRY$$

模型6-2：旧准则框架下企业无形资产资本化与证券分析盈余预测误差。

[①]　由于本书研究的是财务数据对证券分析师盈余预测的影响，因此本书需要考察的是证券分析师根据上一年的财务报告数据对下一年的财务数据进行预测的现象。因此，公司财务数据比证券分析师预测年度早一年。例如，公司的财务年报为2001年，证券分析师在2001年报发布之后，根据对年报的分析对该公司2002年的每股盈余做出预测。

[②]　本书并没有剔除金融类公司，因为金融类公司也存在着大量的无形资产，比如软件、操作系统、土地使用权等。

$$\ln\_FE\_TA_{it} = \alpha_1 + \beta_1 INTANG\_MVAD_{it-1} + \beta_2 MVAD\_MKV_{tt-1}$$
$$+ \beta_3 OP\_DEBT_{it-1} + \beta_4 LG\_MV_{it-1} + \beta_5 AGE_{it-1}$$
$$+ \beta_6 LOSS_{it-1} + \beta_7 VAR\_RET_{it-1} + \beta_8 EV_{it-1}$$
$$+ \beta_9 FOLLOW_{it} \sum YEAR + \sum INDUSTRY$$

模型6–3：旧准则框架下企业无形资产资本化与证券分析师盈余预测分散性。

$$\ln\_DISP\_TA_{it} = \alpha_1 + \beta_1 INTANG\_MVAD_{it-1} + \beta_2 MVAD\_MKV_{tt-1}$$
$$+ \beta_3 OP\_DEBT_{it-1} + \beta_4 LG\_MV_{it-1} + \beta_5 AGE_{it-1}$$
$$+ \beta_6 LOSS_{it-1} + \beta_7 VAR\_RET_{it-1} + \beta_8 EV_{it-1}$$
$$+ \beta_9 FOLLOW_{it} \sum YEAR + \sum INDUSTRY$$

模型中的变量定义同第5章，请详见表5–2。

6.4.1.2　实证结果与分析

表6–4、表6–5、表6–6是旧准则框架下无形资产资本化与证券分析师盈余模型的回归结果，从表中可以发现，无论是全样本，还是无形资产价值占公司总价值比例较大（MVAD_MV＞中值）的分样本和无形资产价值占公司总价值比例较小的分样本（MVAD_MV＜＝中值），资本化的无形资产（INTANG_MVAD）与证券分析师盈余预测跟随（FOLLOW）、证券分析师盈余预测误差（ln_FE_TA）还是和证券分析师盈余预测分散程度（ln_DISP_TA）的相关关系都不显著。这说明，在旧准则框架下，财务报表中的无形资产科目余额不能如实地反映企业无形资产的信息，因此，企业全部无形资产有多少可以计入财务报表中的无形资产科目，即无形资产资本化程度，对证券分析师来说已经失去意义，因为在旧准则的框架下报表中的无形资产科目余额对企业无形资产的反映是扭曲的。因此，无形资产资本化程度对证券分析跟随、证券分析盈余预测的准确性以及证券分析盈余预测的分散性没有影响，资本化的无形资产对证券分析师来说不具有有用性。

本书的实证结果与邵红霞（2006）对证券分析师盈余预测的问卷调查结果是一致的。即在旧准则的框架下，由于证券分析师普遍性地认为现行研发支出的完全费用化处理低估了企业无形资产的状况，财务报表中的无形资产科目余额不能充分地反映企业无形资产的信息，因此，在对上市公司进行价值和风险评价时却很少考虑无形资产（包括研究开发支出）的因素，即使考虑也很少直接使用上市公司年度报告披露的无形资产数据，从而在旧准则框架下的财务报表中的无形资产信息对证券分析师基本上"无用"，而这种报表信息的"失效"导致了资本化的无形资产和证券分析师盈余预测"不相关"。

表6－4　　　　旧准则框架下的企业无形资产资本化与证券分析师预测跟随

FOLLOW	全样本 （n = 1571）	>MVAD/MV 的中值 （n = 785）	<MVAD/MV 的中值 （n = 786）
INTERCEPT	− 65. 591 （ − 10. 206）***	− 43. 281 （ − 7. 088）***	− 60. 894 （ − 6. 485）***
INTANG_MVAD	0. 03 （0. 1）	1. 384 （0. 283）	− 0. 218 （ − 0. 51）
MVAD/MV	2. 002 （2. 047）**	1. 649 （0. 600）	− 0. 288 （ − 0. 173）
OP_DEBT	0. 111 （1. 068）	0. 281 （2. 020）**	− 0. 083 （ − 0. 529）
LG（MV）	3. 012 （10. 468）***	3. 269 （7. 555）***	2. 789 （6. 834）***
AGE	− 0. 107 （ − 2. 052）**	− 0. 087 （ − 1. 082）	− 0. 107 （ − 1. 565）*
LOSS	− 2. 95 （ − 3. 759）***	− 4. 447 （ − 3. 454）***	− 1. 616 （ − 1. 836）*
LEV	0. 363 （2. 349）***	0. 389 （1. 916）**	0. 384 （1. 682）*
VAR_RET	− 54. 027 （ − 3. 279）***	− 78. 561 （ − 2. 689）***	− 38. 303 （ − 1. 876）*
CH_PRICE	1. 038 （2. 698）***	0. 868 （1. 715）*	1. 177 （1. 965）**
Adjusted R^2	0. 38	0. 42	0. 28

注：变量定义以及算法详见表5－2，方程通过共线性检验，所有变量 VIF 膨胀因子均低于阈值，方程不存在共线性问题，结果均通过怀特（White，1980）异方差调整。括号内为 t 值，﹡表示结果在 0. 10 水平下显著，﹡﹡表示结果在 0. 05 水平下显著，﹡﹡﹡表示结果在 0. 01 的水平下显著。年度控制变量和行业控制变量的结果由于篇幅原因不在这里列示。

表 6 - 5　　旧准则框架下的企业无形资产资本化与证券分析师盈余预测误差

ln（ABSFE_TA）	全样本 （n = 1571）	>MVAD/MV 的中值 （n = 785）	<MVAD/MV 的中值 （n = 786）
INTERCEPT	-4. 46 （4. 80）***	-3. 88 （-2. 76）***	-4. 5 （-3. 43）***
INTANG_MVAD	-0. 03 （-0. 24）	-0. 41 （-0. 28）	-0. 1 （-0. 42）
MVAD/MV	1. 19 （6. 53）***	1. 67 （3. 05）***	0. 38 （0. 98）
OP_DEBT	0. 04 （1. 66）*	0. 02 -0. 56	0. 07 （1. 92）*
LG（MV）	-0. 07 （-1. 67）*	-0. 09 （-1. 41）	-0. 1 （-1. 16）
AGE	0. 03 （2. 64）***	0. 03 （2. 42）***	0. 01 -0. 68
LOSS	0. 84 （3. 97）***	1. 3 （4. 06）***	0. 53 （1. 89）*
LEV	-0. 11 （-4. 09）***	-0. 13 （3. 42）***	-0. 1 （-3. 66）***
VAR_RET	17. 1 （5. 31）***	12. 1 （2. 63）***	23. 4 （7. 84）***
CH_PRICE	0. 02 -0. 24	-0. 002 0	0. 03 -0. 26
FOLLOW	-0. 0004 （-0. 1）	-0. 002 （-0. 245）	0. 002 0. 28
Adjusted R^2	0. 09	0. 09	0. 05

注：变量定义以及算法详见表 5 - 2，方程通过共线性检验，所有变量 VIF 膨胀因子均低于阈值，方程不存在共线性问题，结果均通过怀特（White, 1980）异方差调整。括号内为 t 值，* 表示结果在 0. 10 水平下显著，** 表示结果在 0. 05 水平下显著，*** 表示结果在 0. 01 的水平下显著。年度控制变量和行业控制变量的结果由于篇幅原因不在这里列示。

另外，本书的研究与伯纳德和汤姆斯（Bernard and Tomas, 1990）、埃布巴奈尔（Abarbanell，1991）的研究结果相符合，他们发现，分析师的判断会受到会计方法选择、财务报表项目分类，以及这些项目是表内确认还是表外披露等因素的影响（Hopkins et al.，2000；Hopkin，1996；Hirst et al.，2004）。赫斯特和何普金斯（Hirst and Hopkins，1998）指出，分析师在分析企业的财务报告的时候，有"避繁就简"的倾向，对于过于复杂或者没有信息含量的信息，证券分析师会主动选择"用脚投票的方式"对这类信息进行忽视。

表6－6　　旧准则框架下的企业无形资产资本化与证券分析师盈余预测分散度

ln（DISP_TA）	全样本 （n = 1571）	>MVAD/MV 的中值 （n = 785）	<MVAD/MV 的中值 （n = 786）
INTERCEPT	-4.76 (6.11)***	-4.28 (-3.44)***	-5.15 (-4.63)***
INTANG_MVAD	-0.05 (-0.46)	-0.8 (-0.82)	-0.1 (-0.91)
MVAD/MV	0.9 (6.21)***	0.44 (2.67)***	0.33 -1.11
OP_DEBT	0.04 (1.99)**	-0.01 (-0.2)	0.1 (3.56)***
LG（MV）	-0.04 (-1.19)	-0.05 (-1.044)	-0.02 (-0.55)
AGE	0.02 (1.92)*	0.01 -0.83	0.02 (1.69)*
LOSS	0.47 (3.09)***	0.61 (2.45)***	0.4 (2.5)***
LEV	-0.09 (-3.31)***	-0.08 (-2.6)***	-0.13 (-4.83)***
VAR_RET	13.3 (3.78)***	3.41 (1.89)*	22.2 (7.0)***
CH_PRICE	0.13 (2.69)***	0.06 (2.57)***	0.01 0.17

续表

ln（DISP_TA）	全样本 （n = 1571）	＞MVAD/MV 的中值 （n = 785）	＜MVAD/MV 的中值 （n = 786）
FOLLOW	0.01 (3.17)***	0.01 (3.01)***	0.01 (2.67)***
Adjusted R^2	0.12	0.09	0.09

注：变量定义以及算法详见表5－2，方程通过共线性检验，所有变量 VIF 膨胀因子均低于阈值，方程不存在共线性问题，结果均通过怀特（White，1980）异方差调整。括号内为 t 值，＊表示结果在 0.10 水平下显著，＊＊ 表示结果在 0.05 水平下显著，＊＊＊ 表示结果在 0.01 的水平下显著。年度控制变量和行业控制变量的结果由于篇幅原因不在这里列示。

6.4.2　新准则的实施对无形资产资本化与分析师盈余预测关联影响的实证研究

由于无形资产新准则采用"有条件资本化"的方式对研发支出进行处理，从而扩大了财务报表中无形资产数据的核算范围，使资本化的无形资产信息更具相关性和可靠性，因此财务报表内资本化的无形资产信息的对证券分析师"更具有用性"。在财务报表内无形资产信息有效的情况下，企业无形资产资本化的程度越高，即企业无形资产在财务报表中反映得越充分，企业被低估价值的可能性越小，证券分析师对其盈余预测的获利空间就越小，因此证券分析师的提供盈余预测服务的动机就越小，同时，企业无形资产资本化的程度越高，财务信息披露质量越好，证券分析师盈余预测的误差和分散性就越小。为了方便理论假设与实证结果的对照，本书对之前提出的假设6－4～假设6－6进行回顾：

假设6－4：与旧准则相比，新准则框架下企业无形资产资本化与证券分析师盈余预测跟随之间的关联显著增强，且呈负相关关系。

假设6－5：与旧准则相比，新准则框架下企业无形资产资本化与证券分析师盈余预测误差之间的关联显著增强，且呈负相关关系。

假设6－6：与旧准则相比，新准则框架下企业无形资产资本化与证券分析师盈余预测分散性之间的关联显著增强，且呈负相关关系。

6.4.2.1　变量的选择与模型的构建

为了研究无形资产新准则的实施影响，本书采用两个变量来控制准则因素和度量新准则实施对于无形资产资本化和证券分析师盈余预测的影响：（1）哑变量 IFRS，如果样本在新准则框架的时间段内，IFRS 取 1；如果样本在旧准则框架下，IFRS 取 0。（2）哑变量与无形资产资本化的乘积——IFRS $*$ INTANG_MVAD，这个变量衡量的是新准则的实施对于企业无形资产资本化与盈余预测之间关联的影响。在旧准则框架下，IFRS_INTANG_MVAD 等于 0，此时模型中的 INTANG_MVAD 反映的是旧准则框架下无形资产资本化（INTANG_MVAD）和证券分析师盈余预测的关系。在新准则框架下，IFRS_INTANG_MVAD 不为零，此时的无形资产资本对证券分析师盈余预测的影响体现为 INTANG_MVAD 与 IFRS_INTANG_MVAD 之和。因此，IFRS $*$ INTANG_MVAD 衡量了新准则的实施对于企业无形资产资本化（INTANG_MVAD）和证券分析师盈余预测之间关联系数的影响。本书构建的模型表达式如下：

模型 6-4：

$$
\begin{aligned}
FOLLOW_{it} = {} & \alpha_1 + \beta_1 INTANG\_MVAD_{it-1} + \beta_2 IFRS \\
& + \beta_3 IFRS\_INTANG\_MVAD_{it-1} + \beta_4 MVAD\_MKV_{tt-1} \\
& + \beta_5 OP\_DEBT_{it-1} + \beta_6 LG\_MV_{it-1} + \beta_7 AGE_{it-1} \\
& + \beta_8 LOSS_{it-1} + \beta_9 VAR\_RET_{it-1} + \beta_{10} EV_{it-1} \\
& + \sum YEAR + \sum INDUSTRY
\end{aligned}
$$

模型 6-5：

$$
\begin{aligned}
\ln\_FE\_TA_{it} = {} & \alpha_1 + \beta_1 INTANG\_MVAD_{it-1} + \beta_2 IFRS \\
& + \beta_3 IFRS\_INTANG\_MVAD_{it-1} + \beta_4 MVAD\_MKV_{tt-1} \\
& + \beta_5 OP\_DEBT_{it-1} + \beta_6 LG\_MV_{it-1} + \beta_7 AGE_{it-1} \\
& + \beta_8 LOSS_{it-1} + \beta_9 VAR\_RET_{it-1} + \beta_{10} EV_{it-1} \\
& + \beta_{11} FOLLOW_{it} + \sum YEAR + \sum INDUSTRY
\end{aligned}
$$

模型 6-6：

$$
\begin{aligned}
\ln\_DISP\_TA_{it} = {} & \alpha_1 + \beta_1 INTANG\_MVAD_{it-1} + \beta_2 IFRS \\
& + \beta_3 IFRS\_INTANG_{it-1} + \beta_4 MVAD\_MKV_{tt-1} \\
& + \beta_5 OP\_DEBT_{it-1} + \beta_6 LG\_MV_{it-1} + \beta_7 AGE_{it-1} \\
& + \beta_8 LOSS_{it-1} + \beta_9 VAR\_RET_{it-1} + \beta_{10} EV_{it-1} \\
& + \beta_{11} FOLLOW_{it} + \sum YEAR + \sum INDUSTRY
\end{aligned}
$$

6.4.2.2 样本的选取与描述性统计

为了研究无形资产准则的变更影响，本书选取无形资产新准则实施之前的五年以及新准则实施之后的三年（即 2002～2009 年）作为研究的时间窗。之所以选择 2002 年作为起始点，是因为我国上一次大规模修改准则的时间是从 2002 年开始，选取新准则实施之后的三年是因为准则变动之后的时间窗口不适合过长，这样可以防止其他因素干扰。具体来说，本书从 CSMAR 数据库中选取了 2002～2009 年所有的证券分析师盈余预测数据，并从 CSMAR 数据库中搜集 2001～2008 年被预测公司的无形资产以及其他财务数据与其相匹配。

　　剔除计算财务指标所需财务数据不可得的公司、剔除研究期间上市和退市的公司（因为计算盈利变动性和股价变动性指标需要至少 3 年的数据）；剔除实际每股盈余数据缺失的公司（因为计算分析师盈余预测的误差需要公司实际每股盈余数据做参照）；剔除分析师对其预测次数小于 3 的公司（因为考察分析师盈余预测之间的分歧需要 2 个或者 2 个以上的分析师对同一家公司进行预测才有意义），经过以上程序①，最终得到 3128 个有效样本。样本分布见表 6－7。

表 6－7　　　　　　　　　　　　　　　　样本描述

阶段划分	全样本		有无形资产的公司样本	
	公司数	样本数	公司数	样本数
2002～2006 年（旧会计准则）	714	1571	652	1415
2007～2009 年（新会计准则）	984	1557	945	1483
2002～2009 年（总体研究区间）	1086	3128	1041	2898
行业分类[a]				
农、林、牧、渔业	25	70	5	69
采掘业	38	124	36	121
制造业	627	1777	612	1681
电力、煤气及水的生产和供应业	42	119	42	119
建筑业	26	56	24	48
交通运输、仓储业	55	196	50	166
信息技术业	65	203	63	190

---

　　①　本书并没有剔除金融类公司，因为金融类公司也存在着大量的无形资产，比如软件、操作系统、土地使用权等。

续表

阶段划分	全样本		有无形资产的公司样本	
	公司数	样本数	公司数	样本数
批发和零售贸易	61	191	59	176
金融保险业	28	66	25	53
房地产业	49	130	40	96
社会服务业	33	107	30	97
传播与文化产业	9	32	8	28
综合类	28	57	27	54
总计	1086	3128	1041	2898

注：行业划分采用的是中国证监会 2001 年 4 月颁布的上市公司行业分类指引的一级分类。

为了更明晰地对新准则采用之前和新准则采用之后的数据统计性质有更好的了解，本书把整个样本分为旧准则和新准则两个子集，并分别对其中的数据进行统计，描述性统计的结果见表 6-8。

表 6-8　　　　　　　　　　变量描述性统计

	均值	中位数	5% 分位数	95% 分位数	标准差
IFRS 实施之前：（n = 1571）					
2002 年 1 月 ~ 2006 年 12 月					
$FOLLOW_{it}$	2	5	7.532	22	7.4
$DISP\_TA_{it}$	0.001	0.006	0.011	0.031	0.024
$ln\_DISP\_TA_{it}$	−6.712	−5.05	−5.033	−3.216	1.035
$ABSFE\_TA_{it}$	0.001	0.006	0.012	0.041	0.021
$ln\_FE\_TA_{it}$	−7.445	−5.027	−5.132	−3.173	1.296
$INTANG\_MVAD_{it}$	0	0.022	0.107	0.465	0.297
$MVAD_{it}$（百万元）	175.189	1335.62	4677.14	11139	33097
MV_{it}（百万元）	765.984	2833.55	8694.56	19341	52551
$MVAD\_MV_{it}$	0.122	0.517	0.498	0.808	0.209
LG_MV_{it}	20.456	21.764	21.888	23.685	1.041
OP_DEBT_{it}	0.393	1.468	1.838	4.406	1.433

	均值	中位数	5%分位数	95%分位数	标准差
LEV_{it}	0.186	0.893	1.271	3.218	1.531
AGE_{it}	2	8	7.662	14	3.716
VAR_RET_{it}	0.011	0.012	0.016	0.029	0.012
IFRS 实施之后：（n = 1557）					
2007 年 1 月 ~ 2009 年 12 月					
$FOLLOW_{it}$	14.048	10	2	44	12.96
$DISP\_TA_{it}$	2.855	2	1	6	1.523
$ln\_DISP\_TA_{it}$	0.013	0.008	0.001	0.039	0.02
$ABSFE\_TA_{it}$	− 4.773	− 4.769	− 6.537	− 3.171	0.979
$ln\_\mid FE\mid\_TA_{it}$	0.0186	0.009	0.0006	0.065	0.029
$INTANG\_MVAD_{it}$	− 4.795	− 4.67	− 7.323	− 2.727	1.375
$MVAD_{it}$（百万元）	0.132	0.021	4.80E − 06	0.591	0.391
MV_{it}（百万元）	17963.4	2950.84	247.613	46782.87	130562
$MVAD\_MV_{it}$	25775.33	4743.13	993.861	65238.4	164900.43
LG_MV_{it}	0.601	0.675	0.093	0.895	0.247
OP_DEBT_{it}	22.481	22.279	20.717	24.901	1.312
LEV_{it}	1.896	1.491	0.255	4.674	1.607
AGE_{it}	8.994	9	2	16	4.617
VAR_RET_{it}	1.507	0.967	0.185	3.897	2.085

注：INTANG_TA = 无形资产净额/总资产。其他变量定义及其算法详见表 5 - 2。为了去除极端值对回归方程的影响，本书对所有的变量都进行了在 1%分位数和 99%分位数的缩尾处理。

6.4.2.3 实证结果与分析

（1）新准则的实施对无形资产资本化与证券分析师盈余预测跟随关联的影响。表 6 - 9 是新准则的实施对无形资产资本化与证券分析师盈余预测跟随关联的影响的模型回归结果。从表中可以发现，无论是全样本、无形资产价值占公司总价值较大（MVAD_MV > 中值）的分样本、还是无形资产价值较小的分样本（MVAD_MV < = 中值），得出的结果都比较一致。

表6-9　新准则的实施对无形资产资本化与证券分析师盈余预测跟随关联的影响

Follow	全样本 （n = 3228）	>MVAD/MV 的中值 （n = 1564）	< = MVAD/MV 的中值 （n = 1564）
INTERCEPT	-99.841 （-21.107）***	-115.030 （-19.850）***	-79.876 （-18.510）
INTANG_MVAD	0.673 （1.456）	23.319 0.179	0.59 （0.82）
IFRS	3.986 （10.517）***	3.605 （5.210）***	4.502 （9.440）***
IFRS_INTANG_MVAD	-1.335 （-1.967）**	-36.731 （-2.421）***	-1.591 （-1.96）**
MVAD/MV	-0.176 （-0.173）	3.651 （1.130）	0.192 0.130
OP_DEBT	0.362 （3.129）***	0.353 （2.070）***	0.296 （2.010）**
LG（MV）	4.890 （21.790）***	5.517 （21.360）***	3.872 （20.510）***
AGE	-0.073 （-1.612）*	-0.077 （-1.250）	-0.018 （-0.350）
LOSS	-2.339 （3.292）***	-4.957 （-2.640）***	-2.201 （-2.360）***
LEV	0.434 （3.159）***	0.217 （1.320）	0.711 （4.910）***
VAR_RET	-33.503 （-3.231）***	-46.127 （-3.230）***	4.538 0.26
Adjusted R^2	0.375	0.363	0.367

注：变量定义以及算法详见表5-2，方程通过共线性检验，所有变量 VIF 膨胀因子均低于阈值，方程不存在共线性问题，结果均通过怀特（White，1980）异方差调整。括号内为 t 值，＊表示结果在 0.10 水平下显著，＊＊表示结果在 0.05 水平下显著，＊＊＊表示结果在 0.01 的水平下显著。年度控制变量和行业控制变量的结果由于篇幅原因不在这里列示。

首先，代表旧准则框架下的企业无形资产资本化程度的变量 INTANG_

MVAD 与证券分析师盈余预测跟随的相关系数不显著，这再一次验证了模型 6.1，即旧准则框架下企业无形资产资本化与证券分析师盈余预测跟随不相关的结论。其次，代表新准则框架下的证券分析师对公司盈余预测次数的变量 IFRS 显著为正，说明在新准则实施之后，证券分析师对公司进行盈余预测的次数显著增多，出现这种原因一方面可能是由于我国证券分析师的规模不断扩大，对企业的盈余预测次数不断增多；另一方面有可能是新财务准则的实施导致市场对证券分析师盈余预测服务需求的增多；最后，新准则的实施对企业无形资产资本化与证券分析师盈余预测跟随关联影响的变量 IFRS * INTANG_MVAD 显著为负，这说明新准则的实施使得企业无形资产资本化与证券分析师跟随之间的负向关联显著增强。

以上的结果和本书的假设完全相符，即在旧准则的框架下，由于无形资产科目余额不能充分地反映企业无形资产的信息，因此，证券分析师在对上市公司进行价值评估的时候"采用用脚投票"的方式，证券分析师很少使用或者不使用财务报表中无形资产的信息。无形资产新准则使得具有大量研发费用的企业可以有条件资本化，从而使财务报表中的无形资产信息更具相关性和可靠性，财务报表内的无形资产信息的对证券分析师"更具有用性"。资本化的无形资产与证券分析师预测跟随之间的关联显著增强。

在无形资产表内信息有效的情况下，企业无形资产资本化与证券分析师盈余预测的关系负相关，即企业无形资产在财务报表中反映得越充分，企业被低估价值的可能性越小，证券分析师对其盈余预测的获利空间就越小，因此证券分析师为投资者提供预测服务的动机就越小，证券分析师盈余预测次数越少。

（2）新准则的实施对无形资产资本化与证券分析师盈余预测误差关联的影响。表 6 – 10 是新准则的实施对无形资产资本化与证券分析师盈余预测误差关联影响的模型回归结果。从表中可以发现：首先，代表旧准则框架下的企业无形资产资本化程度与证券分析师盈余预测误差关联性的变量 INTANG_MVAD 的系数都不显著，这再一次验证了模型 6 – 2，即旧准则框架下企业无形资产资本化与证券分析师盈余预测误差并不相关的结论。其次，代表新准则框架下的证券分析师对企业盈余预测次数的变动的变量 IFRS 都显著为正，说明在新准则实施之后，证券分析师对公司进行盈余预测的平均误差都显著增大，出现这种原因可能是由于我国 2007 年的财务准则的全面的变更使证券分析师还一时难以马上适应，计量方法的全面变动加大了证券分析师盈余预测的难度。最后，代表新准则的实施对企业无形资产资本化与证券分析师盈余预测误差关联影响的变量 IFRS × INTANG_MVAD 在全样本和无形资产价值较大（MVAD_MV > 中值）的分样本中显著为负，这和本书的假设基本一致，说明新准则的实施使得企业无形资产资本化与证券分析师盈余预测误差之间的负向关联显著增强。即无形资产新准则的实施使得财务报表的无形资产信息的相关性和可靠性增加，因此证券分析师在对企业进行盈余预测的时候，会充分利用财务报表内无形资产的有效信息对企业进行盈余预测。在无形资产信息质量得以提高、有用性得以增强的前提下，企业无形资产在财务报表中反映的程度越充分，证券分析师盈余预测的误差越小。这和本书第 5 章分析在新准则的背景下，无形资产资本化与证券分析师盈余预测误差模型得出的结论相一致。

表 6 – 10　　　　新准则的实施对无形资产资本化与证券分析师
盈余预测误差关联的影响

ln（ABSFE_TA）	全样本 （n = 3128）	> MVAD/MV 的中值 （n = 1564）	< = MVAD/MV 的中值 （n = 1564）
INTERCEPT	− 5. 922 （− 10. 620）***	− 6. 953 （− 7. 95）***	− 3. 25 （− 4. 01）***
INTANG_MVAD	− 0. 011 （− 0. 09）	1. 876 （0. 84）	− 0. 19 （1. 39）
IFRS	0. 182 （3. 33）***	0. 200 （2. 23）***	0. 19 （2. 17）**
IFRS_INTANG_MVAD	− 0. 237 （− 1. 96）**	− 5. 031 （− 1. 98）**	− 0. 13 （− 0. 88）
MVAD/MV	0. 995 （7. 97）***	1. 334 （3. 11）***	− 0. 04 （− 0. 17）
OP_DEBT	0. 021 （1. 24）	0. 009 （0. 39）	0. 04 （1. 79）*
LG（MV）	0. 011 （0. 41）	0. 060 （1. 54）	− 0. 11 （− 2. 91）***
AGE	0. 029 （4. 92）***	0. 029 （3. 41）***	0. 01 （1. 32）
LOSS	0. 682 （5. 14）***	1. 075 （4. 44）***	0. 46 （2. 83）***

ln（ABSFE_TA）	全样本 （n = 3128）	> MVAD/MV 的中值 （n = 1564）	< = MVAD/MV 的中值 （n = 1564）
LEV	- 0.085 （ - 5.33）***	- 0.097 （ - 4.59）***	- 0.09 （ - 2.91）***
VAR_RET	9.693 （6.28）***	5.340 （2.88）***	16.9 （6.42）***
FOLLOW	- 0.004 （ - 1.53）	- 0.008 （ - 2.5）***	0.0007 （0.14）
Adjusted R²	0.12	0.12	0.09

注：变量定义以及算法详见表 5 - 2，方程通过共线性检验，所有变量 VIF 膨胀因子均低于阈值，方程不存在共线性问题，结果均通过怀特（White，1980）异方差调整。括号内为 t 值，* 表示结果在 0.10 水平下显著，** 表示结果在 0.05 水平下显著，*** 表示结果在 0.01 的水平下显著。年度控制变量和行业控制变量的结果由于篇幅原因不在这里列示。

（3）新准则的实施对无形资产资本化与证券分析师盈余预测分散性相关联的影响。表 6 - 11 是新准则的实施对无形资产资本化与证券分析师盈余预测分散度关联的影响的模型回归结果。从表中可以发现：首先，代表旧准则框架下的企业无形资产资本化程度与证券分析师盈余预测分散程度关联性的变量 INTANG_MVAD 的系数都不显著，这再一次验证了模型 6 - 3，即旧准则框架下企业无形资产资本化与证券分析师盈余预测分散性并不相关。其次，代表新准则框架下的证券分析师对企业盈余预测次数的变动的变量 IFRS 都不显著，说明在新准则实施之后，证券分析师对公司进行盈余预测的分歧程度并没有显著的变化，出现这种原因可能是由于证券分析师在新准则采用之前的盈余预测分歧本身就较大。最后，代表新准则的实施对企业无形资产资本化与证券分析师盈余预测分散性关联影响的变量 IFRS × INTANG_MVAD 无论是在全样本的范围内还是在分样本的范围内都不显著。说明新准则的实施并未显著提高无形资产资本化与证券分析师盈余预测分散性的相关程度，但是也未显著地降低原有的无形资产资本化与证券分析师盈余预测分散性的相关程度。这与本书的假设不完全符合，出现这种情况的原因可能在于证券分析师对新准则框架下的财务报告中的无形资产信息是否完全可以依赖并不完全确定，因此他们还不能完全依赖财务报表中无形资产的信息，他们在参考财务报表中无形资产信息的同时，还不能减少对有关无形资产私人信息的依赖，因此导致企业无形资产资本化与证券分析师盈余预测分散度的关联并未显著增强。

表6-11　　　　新准则的实施对无形资产资本化与证券分析师
盈余预测分散性关联的影响

ln（DISP_TA）	全样本 （n = 3128）	> MVAD/MV 的中值 （n = 1564）	< = MVAD/MV 的中值 （n = 1564）
INTERCEPT	-5.5 (12.5)***	-5.64 (-8.8)***	-5.51 (-8.62)***
INTANG_MVAD	-0.1 (-1.6)	-1.55 (-0.85)	-0.2 (-1.07)
IFRS	0.05 1.21	-0.09 -1.25	0.12 (1.81)*
IFRS * INTANG_MVAD	0.04 (0.4)	-0.33 (-0.17)	-0.02 (-0.2)
MVAD/MV	0.62 (6.02)***	1.68 (5.34)***	-0.02 (-0.1)
OP_DEBT	0.05 (3.63)***	0.02 (1.09)	0.07 (3.9)***
LG（MV）	-0.015 (-0.75)	-0.03 (-1.17)	-0.01 (-0.3)
AGE	0.0145 (3.18)***	0.02 (3.17)***	0.01 (1.81)*
LOSS	0.44 (4.02)***	0.613 (2.79)***	0.29 (2.44)***
LEV	-0.1 (-4.65)***	-0.09 (-4.11)***	-0.09 (3.38)***
VAR_RET	8.39 (5.55)***	5.28 (3.92)***	15.6 (6.3)***
FOLLOW	0.01 (3.57)***	0.007 (2.97)***	0.004 (1.24)
Adjusted R^2	0.14	0.13	0.10

注：变量定义以及算法详见表5-2，方程通过共线性检验，所有变量 VIF 膨胀因子均低于阈值，方程不存在共线性问题，结果均通过怀特（White，1980）异方差调整。括号内为 t 值，* 表示结果在 0.10 水平下显著，** 表示结果在 0.05 水平下显著，*** 表示结果在 0.01 的水平下显著。年度控制变量和行业控制变量的结果由于篇幅原因不在这里列示。

6.5 小 结

本章从财务报告准则、企业无形资产资本化与证券分析师盈余预测的理论上"连动"关系出发，量化了财务准则变更对企业无形资产确认的实际影响，在考察旧准则框架下企业无形资产资本化与证券分析师盈余预测的基础之上，分析了无形资产新准则的实施对企业无形资产资本化与证券分析师盈余预测之间关系的影响并对其进行实证检验，从而从证券分析师的视角回答了新准则的实施是否提高了无形资产的表内确认信息对报表使用者的有用性。

本章的实证结果表明：（1）在旧准则的框架下，证券分析师普遍性地认为现行研发支出的完全费用化处理低估了企业无形资产的状况，财务报表中的无形资产科目余额不能充分地反映企业无形资产的信息，因此证券分析师在对上市公司进行价值和风险评价时"采取用脚投票"的方式，放弃对年度财务报表中无形资产信息的使用，从而使得无形资产表内信息"严重失效"。而这种报表信息的"失效"导致了企业无形资产资本化比例和证券分析师盈余预测"不相关"。（2）无形资产新准则采用"有条件资本化"的方式对研发支出进行处理，从而扩大了财务报表中无形资产数据的核算范围，使得具有大量研发费用的企业可以通过资本化处理，将其无形资产优势通过财务报表传递给信息使用者，从而使无形资产信息更具相关性和可靠性。新准则的实施使得企业无形资产资本化与证券分析师盈余预测跟随，以及企业无形资产资本化与证券分析师盈余预测误差之间的负向关联显著增强。因此新准则的实施使得财务报表中的无形资产信息更具有估值反馈作用以及有效预测作用，使得财务报表内的无形资产信息对证券分析师"更具有用性"，从而达到了财务准则变更的目标和效果。

第7章

研究结论、贡献及未来研究展望

7.1 研究结论及启示

本书以财务信息披露的基本理论为基础，在我国财务报告准则实现国际趋同这一制度变迁的背景下，从资本市场最为专业、最为直接的财务报告使用者——证券分析师的视角出发，研究了企业无形资产资本化对证券分析师盈余预测的影响机理以及财务报告准则这一制度因素的变迁对无形资产资本化与证券分析师盈余预测之间关联的影响。本书的结论及启示如下。

7.1.1 企业无形资产资本化与证券分析师盈余预测

在财务报表中无形资产信息并未完全失效的情况下，财务报表对企业无形资产的反映程度，即企业无形资产资本化程度对证券分析师跟随、证券分析师盈余预测的准确性、证券分析师盈余预测的分散性有着重要的影响。

（1）企业无形资产资本化程度与证券分析师跟随"负相关"。企业无形资产在财务报表中反映得越充分，无形资产资本化程度越高，证券分析师对其进行盈余预测的次数越少。因为无形资产资本化程度越高，"未在资产负债表中确认"的无形资产就越少，挖掘被市场低估公司的价值，从而获取"超额利润"的可能性就越小。此外由于无形资产资本化程度的增加，财务信息质量有所提高，投资者无须费力就可以自行预测企业未来盈利的状况，因此，对证券分析师盈余预测的服务需求下降，证券分析师对该公司的盈余预测次数下降。

（2）企业无形资产资本化程度与证券分析师预测误差"负相关"。公司无形资产在财务报表中反映得越充分，企业无形资产资本化程度越高，财务信息的相关性和可靠性就越高；财务信息披露质量就越好，财务信息就越能反映企业的经济实质，证券分析师盈余预测的难度大大降低，从而导致盈余预测误差的下降，证券分析师盈余预测的准确程度得以提高。

（3）企业无形资产资本化程度与证券分析师预测分散性"负相关"。公司无形资产在财务报表中反映得越充分，企业无形资产资本化程度越高，财务信息的相关性就越高，财务信息披露质量越好，证券分析师对财务报表的使用程度就越高，对导致意见分歧的私人信息的使用程度就越小，分析师之间盈余预测的分散程度有所降低。

7.1.2 不同类型的无形资产资本化与证券分析师盈余预测

由于无形资产种类繁多，不同无形资产具有不同的特征，对企业的贡献也不相同，本书考察了不同类型的无形资产资本化对证券分析师盈余预测的影响，并有如下发现。

（1）权力型无形资产和技术型无形资产与证券分析师跟随行为皆呈负相关的关系，其中技术型无形资产和证券分析师跟随次数之间的负相关关系更为显著。这说明，无论是权力型无形资产信息还是技术型无形资产信息都是有关企业超额盈利和竞争优势源泉的信息，这类信息披露得越多，证券分析师挖掘被市场低估公司从而获利的机会减少，证券分析师对该公司进行盈余预测的动机减弱。此外，技术型无形资产更能反映企业的竞争优势和价值创造能力，对技术型无形资产披露得越多，投资者越能了解企业的核心状况和更容易形成对企业未来盈利能力的预测，对证券分析师盈余预测的需求就更少，证券分析师跟随的动机就更小。

（2）技术型无形资产资本化比例与证券分析师盈余预测的误差以及证券分析师盈余预测分散型正相关；权力型无形资产资本化比例与证券分析师盈余预测的误差以及证券分析师盈余预测的分散型负相关。技术型无形资产的资本化程度越高，财务报表中可被操纵以及不确定性的因素越大，财务报表的可靠性和相关性越差，因此财务报表最直接的使用者——证券分析师的盈余预测的误差就越大，证券分析师对私人信息依赖越强，盈余预测的分散性就越大。而权力型无形资产资本化的比例越大，财务报告提供的有关企业未来盈利的确定性信息就越多，财务报告的可靠性和相关性就越大，证券分析师盈余预测的误差越小，盈余预测的准确性就越高，证券分析师对私人信息的依赖就越弱，其盈余预测的分散性就越小。

7.1.3 旧准则框架下资本化的无形资产对证券分析师的有用性

旧准则框架下无形资产资本化与证券分析师盈余预测跟随、证券分析师盈余预测误差，还是和证券分析师盈余预测分散程度都不显著相关。这说明，在旧准则框架下，由于财务报表中的无形资产科目余额对企业无形资产的反映是扭曲的。因此企业全部无形资产有多少可以计入财务报表中的无形资产科目，即无形资产资本化程度，对证券分析师来说已经失去意义，财务报表中的无形资产信息对证券分析师基本上"无用"，而这种报表信息的"失效"导致了企业无形资产资本化比例和证券分析师盈余预测"不相关"。

7.1.4 新准则的实施是否增强了资本化的无形资产对证券分析师的有用性

（1）新准则的实施使得企业无形资产资本化与证券分析师跟随之间的负向关联显著增强。这说明在旧准则的框架下，由于无形资产科目余额不能充分地反映企业无形资产的信息，因此证券分析师在对上市公司进行价值评估的时候"采用用脚投票"的方式，证券分析师很少使用或者不使用财务报表中无形资产的信息。无形资产新准则使得具有大量研发费用的企业可以有条件资本化，从而使财务报表中的无形资产信息更具相关性和可靠性，财务报表内的无形资产信息的对证券分析师"更具有用性"。资本化的无形资产与证券分析师预测跟随之间的关联显著增强，并且无形资产资本化程度越高，分析师跟随越少。

（2）新准则的实施使得企业无形资产资本化与证券分析师盈余预测误差之间的负向关联显著增强。无形资产新准则的实施使得财务报表的无形资产信息的相关性和可靠性增加，因此证券分析师在对企业进行盈余预测的时候，会充分利用财务报表内无形资产的有效信息对企业进行盈余预测。在无形资产信息质量得以提高、有用性得以增强的前提下，企业无形资产在财务报表中反映的程度越充分，证券分析师盈余预测的误差越小。

（3）新准则的实施并未显著提高无形资产资本化与证券分析师盈余预测分散性的相关程度，但是也未显著降低原有的无形资产资本化与证券分析师盈余预测分散性的相关程度。

出现这种情况的原因可能在于分析师在我国实行无形资产新准则初期，对财务报告中无形资产信息是否完全可以依赖并不是完全确定，因此，分析师不能完全依赖报表中无形资产的信息，他们在参考财务报表中无形资产信息的同时，还不能减少对有关无形资产私人信息的依赖，因此导致企业无形资产资本化与证券分析师盈余预测分散度的关联并未显著增强。

7.2　研究贡献与意义

7.2.1　理论研究的贡献

首先，本章通过建立企业无形资产资本化、财务信息披露质量、证券分析师盈余预测之间的影响传递机制，从理论上提出了无形资产资本化对证券分析师盈余预测"存在影响"的机理，并且进一步提出企业无形资产资本化是"如何影响"证券分析师盈余预测跟随、证券分析师盈余预测误差和证券分析师盈余预测分散性这三个最重要的证券分析师盈余预测研究维度。从证券分析师盈余预测的视角，检验了无形资产在财务报表中的反映程度（即无形资产资本化程度）对报表使用者进行决策和预测的影响，从而对无形资产信息披露的充分程度是否会影响信息使用者的决策这一无形资产研究的核心问题予以了正面的回答。

其次，现行的大部分有关无形资产的研究，都把企业的无形资产视为一个整体，并未对不同类型的无形资产进行分类研究。虽然少量文献对不同类型的无形资产进行了问卷调查研究，但是迄今为止，还鲜有实证文献去探讨不同类型的资本化的无形资产对证券分析师盈余预测的影响。本书填补了这一空白。

最后，无形资产在财务报表中的确认程度有着很强的制度背景与无形资产会计准则的规定紧密相关，但是无形资产财务报告准则并不是一成不变的，它会随着社会的变化和市场需求的变化而不断调整。在经济一体化的浪潮下，在各国会计准则不断走向国际趋同的过程中，为了保证会计信息的可比性，各个国家纷纷对本土会计准则进行修改，和国际会计准则保持趋同。新准则的实施是否会提高财务报表中无形资产信息对报告使用者的有用性？这些是对无形资产信息披露至关重要的问题。而且我国新准则实施的时间已有十年，让人惊讶的是，对于无形资产准则变动影响的实证研究至今仍不多见，本书的研究力图在这一方面予以实证补充。

7.2.2 对于现实的意义

本书不仅在理论上扩展了前人的研究，填补了前人的研究空白，本书的研究结论对公司管理层（尤其是拥有大量无形资产公司的高科技公司）、证券分析师，以及财务报告准则制定机构同样有着重大的意义。

对公司管理层来说，在当前的财务报告准则给予管理者一定的会计政策选择权的条件下，是否选择在报表上确认无形资产，什么时候选择在报表上确认无形资产、外部投资者对报表上的无形资产信息会有怎样的反应？进而对公司融资的资本成本有什么影响？这些问题对于公司财务总监的披露决策至为重要。而本书的研究会通过分析师的视角给予公司管理人员一定的外部反馈信息。

我国于 2009 年开始在证券市场中设立创业板交易板块，其主要目的在于加强市场对于拥有创新观念以及高科技公司的关注与投入，增强对于拥有大量无形资产的公司的资源配置。创业板的公司增值的方式与传统行业不同，无形资产是其主要的生产要素以及企业价值增值的方式。因此对于创业板公司来说，如何在财务报表中披露与计量无形资产才能向证券分析师以及投资者发出信号以证明自身的优势与价值对于创业板公司融资具有重大意义。

对证券分析师来说，一直以来的研究都表明财务信息披露的质量对分析师盈余预测准确性以及分析师之间的预测分歧有着重要的影响。但是几乎所有的研究都从财务报告的整体出发，对于财务报表中个别重要项目（比如无形资产）的信息对分析师预测的影响的研究非常稀少。证券分析师在分析企业财务报表的时候除了关注传统的科目，还有哪些信息特别重要并会影响到预测的结果呢？这是分析师们比较关心的问题。本书的研究表明，随着无形资产对企业重要性的增加，报表中的无形资产对整个利润以及财务信息披露质量都具有重要的作用日益凸显，证券分析师应对财务报表中的无形资产信息予以重点关注，并加强对无形资产信息的分析和调整，这对分析师的跟随决策以及减少盈余预测误差有着重要的意义。

对准则制定机构来说，国际趋同并不是准则变更的最终目的，财务准则变更的最终目标在于提高财务报告的信息质量，增强财务报告信息对报表使用者的有用性。随着无形资产在企业间的普遍存在且日显重要，财务信息披露的监管重心应该由有形资产的披露转移到无形资产的披露。如何制定合理的无形资产信息披露准则，使得财务报表既能"充分"又能"可靠"地反映企业无形资产的价值，是准则制定结构最为关心的问题。

为了提高无形资产信息披露的相关性、可靠性以及国际可比性，财政部于 2006 年颁布了与国际会计准则相趋同的无形资产新准则。无形资产新准则的实施对企业无形资产信息披露有哪些实际影响？新准则的实施是否有效地提高了无形资产信息披露的质量，增强了无形资产表内确认信息对报表使用者的有用性？这些是准则制定者最为专注，但是却是规范性研究无法给予验证的问题。本书的研究量化了新准则的实施对企业无形资产报表数额的影响，并且从财务报表最专业、最直接的使用者——证券分析师的视角为无形资产新准则实施效果的检验提供了证据。

7.3 未来研究方向与相关建议

7.3.1 不足与未来研究方向

7.3.1.1 并未考察无形资产资本化对投资者的直接影响

本书从证券分析师的视角出发，研究了企业无形资产资本化对财务报表使用者对企业财务报表中无形资产信息的反应。由于企业财务报告最终服务群体是投资者，财务报告的作用在于让投资者更好地了解企业的经济实质并进行投资决策，从而更好地促进资本市场的资源配置。但是证券分析师作为一个利益相关方，其本身并不是直接进行投资，证券分析师的作用只是向投资者提出预测服务，并间接的获取报酬。因此，证券分析师和投资者的利益不完全相同，证券分析师有其自身的利益考虑。本书只是研究了无形资产资本化对证券分析师盈余预测的影响，但是对证券分析师盈余预测对投资者的影响的研究并未深入，因此，无形资产资本化对于证券市场资源配置的效果应予以直接考察，企业无形资产资本化对投资者决策有怎样的影响？无形资产新准则的实施对企业无形资产资本化和投资者决策之间的关联有怎样的影响，这是未来研究的方向。

7.3.1.2 样本时间窗的限制

本书以我国实施财务报告新准则为主线，考察了无形资产新准则的实施是否增强了财务报表中无形资产信息对最专业的报表使用者——证券分析师的有用性。本书采用的时间窗口是 2002～2009 年，之所以没有采用过长的时间窗口是因为想单纯考虑准则的影响，从而避免时间窗口太长一切其他因素的干扰。但是与此同时，造成了样本中新准则的样本年限偏少的问题。新准则的实施并不是一蹴而就的，新准则的执行需要一个过程，准则变更是否取得了良好的结果，是否提高了财务信息披露的相关性和可靠性需要时间的验证。随着新准则实施的年份越来越多，如何在一个长时间窗的大样本范围下，成功剥离时间窗口中各种重大因素的影响再去对无形资产新准则的验证，应该可以得到更具信服力的结果，因此也是未来研究的一个方向。

7.3.2 政策评价与建议

根据以上的研究结论，无形资产资本化程度和企业财务报告以及证券分析师的盈余预测程度密切相关。企业无形资产资本化程度与会计准则的规定密切相关。因此应该主要加强准则对无形资产计量的规范。对于无形资产准则，本书的建议如下。

7.3.2.1 扩大无形资产的确认计量范围

从本书的研究可知，财务报表对企业无形资产反映的充分程度对报表使用者正确评估企业的价值以及预测企业未来的盈利具有重要的意义。而当前财务准则体系由于陈旧和落后并不能如实反映企业无形资产的状况，这种状况导致了财务信息披露的失真与失效。因此，财务报表对无形资产的核算范围应当进一步扩大，使市场资产（如企业品牌、客户名单、营销渠道等）、智力资产、人力资源、使用型资产、组织管理资产和其他资产等能给企业能带来未来经济利益也纳入到财务报表的计量范畴中来，并且对其进行可靠的计量，这是财务学在当今面临的挑战和第一要务。

7.3.2.2　对于R&D的财务处理

由于无形资产新准则把R&D支出由原来的全部费用化转为部分资本化，把R&D产生的支出划分为研究和开发两个阶段，把研究阶段的支出费用化，并开发阶段的支出资本化。研发支出资本化还是费用化对于无形资产以及利润在财务报表中的列示余额以及无形资产资本化程度有着本质的影响，但是无形资产新准则对于研究和开发阶段的划分却没有明确清晰的规定，这会导致公司财务实践中的无序以及给公司留下过大的利润空间。

因此本书建议：政策制定部门应该进一步明确区分研究阶段和开发阶段的可操作性标准并要求企业对于开发支出资本化的依据做强制性披露。有关监管部门对企业披露的资本化的依据做详细的核查分析。这样做的目的一方面可以规范划分标准，减低企业执行新准则的难度；另一方面准则报告后期的核对监管也可以有效减少企业利用开发支出资本化进行盈余管理的行为。在资产栏下设置无形资产在建工程科目，如果企业开发成功，则把支出转入无形资产。如果企业开发失败则转入费用类科目，这样做的目的是可以减少企业的主观判断，有效控制企业利用开发支出资本化进行盈余管理的行为。这样做使得无形资本化程度是企业无形资产信息的可靠反映。

7.3.2.3　加强对无形资产明细信息的披露和监管

本书的研究表明，由于不同类型的无形资产对企业的贡献以及风险性不同，不同类型的无形资产信息对于报表使用者的决策以及预测有着不同的影响，因此对企业无形资产信息的披露应当进一步关注无形资产的类型信息。新准则并未对企业无形资产的明细分类做出披露要求，并且现存的披露要求和国际会计准则相比比较粗泛，不具有规范性。准则制定部门应该进一步和国际会计准则趋同，对于无形资产的明细披露做出规范而详细的披露要求。对上市企业的财务报表进行抽查，对于不符合规范性披露要求的进行警示和惩戒。

7.3.2.4 促进无形资产产权交易市场的发展，提高无形资产公允价值的计量水平

由于现行的财务体系在短期内不能解决无形资产在财务报表中计量过小的问题，因此，对无形资产市场估值应当大力提倡，政府部门应当大力促进市场经济的发展，尤其要促进无形资产交易市场的发展，使得从市场上随时取得相似无形资产的出售价格或者转移价格成为可能。同时努力提高财务人员以及无形资产估价人员的素质，提高评估机构对无形资产的评估水平，使得无形资产的公允价值可靠地反映无形资产的实际价值。

7.3.2.5 加强准则变更过程中的监管力度

对于准则变更过程中部分企业利用准则变更进行盈余管理的状况，本书建议，在后续准则更新的过程中，应该要求企业在新准则实施的第一年，强制要求企业提供采用新旧准则两种体系的财务报表。这样做的好处是可以对企业在新旧准则两种状况下得出的会计数据进行对比，从而可以及时发现企业在新旧准则变更过程中的异常行为以及减少企业利用准则更替进行盈余管理的动机。

参 考 文 献

［1］ 于玉林：《无形资产概论》，复旦大学出版社 2005 年版。

［2］ 方军雄、邵红霞：《我国上市公司无形资产的价值相关性——来自调查问卷的启示》，复旦大学 2006 年工作论文。

［3］ 方军雄、洪剑峭：《信息披露透明度及其经济后果性的实证研究》，复旦大学 2006 年工作论文。

［4］ 方军雄：《我国上市公司信息披露透明度与证券分析师预测》，载《金融研究》2007 年第 6 期。

［5］ 方军雄、洪剑峭：《上市公司信息披露质量与证券分析师盈利预测》，载《证券市场导报》2007 年第 3 期。

［6］ 王化成、卢闯、李春玲：《企业无形资产与未来业绩相关性研究》，载《中国软科学》2005 年第 10 期。

［7］ 王合喜、罗鹏：《自创无形资产计价方法的中外比较分析——兼评〈具体会计准则第 6 号——无形资产〉》，载《财会通讯》2006 年第 8 期。

［8］ 王宇熹、陈伟忠、肖峻：《国外证券分析师理论研究综述》，载《证券市场导报》2005 年第 7 期。

［9］ 王广庆：《对我国无形资产准则的一些思考》，载《会计研究》2004 年第 5 期。

［10］ 李丹蒙：《公司透明度与分析师预测活动》，载《经济科学》2007 年第 6 期。

［11］ 李晓强：《国际会计准则和本土会计准则下的价值相关性比较》，载《会计研究》2004 年第 7 期。

［12］ 宗文龙、王睿、杨艳俊：《企业研发支出资本化的动因研究——来自 A 股市场的经验证据》，载《中国会计评论》2009 年第 7 期。

［13］ 邵红霞、方军雄：《我国上市公司无形资产价值相关性研究——基于无形资产明细分类信息的再检验》，载《会计研究》2006 年第 12 期。

［14］ 胡奕明、林文雄、王玮璐：《证券分析师的信息来源、关注域

与分析工具》，载《金融研究》2003 年第 12 期。

[15] 唐雪松：《知识经济对无形资产计量的影响》，载《会计研究》1999 年第 2 期。

[16] 夏冬林、贾平：《我国上市公司无形资产的状况及披露建议》，载《财会月刊》2005 年第 2 期。

[17] 殷枫：《新旧〈企业会计准则——无形资产〉的比较研究及启示》，载《当代经理人》2006 年第 9 期。

[18] 屠海群：《从知识资本角度剖析无形资产》，载《经济师》2002 年第 9 期。

[19] 梁俊平、唐纯：《无形资产的会计确认与相关信息披露》，载《经济论坛》2003 年第 3 期。

[20] 葛家澍：《美国关于高质量会计准则的讨论对我们的启示》，载《会计研究》1999 年第 5 期。

[21] 樊利平：《企业无形资产概念界定》，载《财会通讯》2008 年第 1 期。

[22] 蔡吉祥：《神奇的财富——无形资产》，海天出版社 1996 年版。

[23] 薛云奎、王志台：《无形资产信息披露及其价值相关性研究》，载《会计研究》2001 年第 11 期。

[24] 薛云奎、王志台：《R&D 的重要性及其信息披露方式的改进》，载《会计研究》2001 年第 3 期。

[25] 张程睿、王华：《公司信息透明度的市场效应——来自中国 A 股市场的经验证据》，载《中国会计评论》2007 年第 1 期。

[26] 谭洪涛、蔡春：《新准则实施会计质量实证研究——来自 A 股上市公司的经验证据》，载《中国会计评论》2009 年第 7 期。

[27] 贾平、李晓强：《无形资产与盈余质量》，复旦大学 2005 年工作论文。

[28] 邓传洲：《公允价值的价值相关性——来自 B 股的证据》，载《会计研究》2005 年第 10 期。

[29] 陈向民、林江辉：《公司信息披露策略与股价波动——对滤波效应的理论描述和实证检验》，载《中国会计与财务研究》2004 年第 1 期。

[30] Abarbanell, J. S, Do analysts' earnings forecasts incorporate information in prior stock price changes. *Journal of Accounting and Economics*, Vol. 14, No. 2, April 1991, pp. 147–165.

[31] Aboody D. , Recognition versus disclosure in the oil and gas industry. *Journal of Accounting and Research*, Vol. 34, 1996, pp. 21 – 32.

[32] Aboody, D. , B. Lev. , The value relevance of intangibles: the case of software capitalization. *Journal of Accounting and Research*, Vol. 36, 1998, pp. 161 – 204.

[33] Akerlof, G. A. , The market for 'Lemons': quality uncertainty and the market mechanism. *Quarterly Journal of Economics*, 1970, Vol. 84, No. 3, August 1970, pp. 488 – 500.

[34] Albrecht, W. , L. Lookabill, J. McKeown, The time series properties of annual earnings. *Journal of Accounting Research*, Vol. 15, No. 2, Autumn, 1977, pp. 226 – 244.

[35] Amir, E. , T. S. Harris, E. K. Vemuti, A comparison of the value relevanc of versus Non – US GAAP accounting measures using form 202 – F reconciliation. *Journal of Accounting Research*, Vol. 15, No. 2, Autumn, 1997, pp. 226 – 244.

[36] Ang, J. S. , S. J. Ciccone, International differences in analyst forecast properties. Working paper, 2001.

[37] Ashbaugh, H. , M. Pincus, Domestic Accounting Standards, International Accounting Standards and the Predictability of Earnings. *Journal of Accounting Research*, Vol. 39, Issue 3, December 2001, pp. 417 – 434.

[38] Bailey, W. , H. Li, C. Mao, R. Zhong, Regulation Fair Disclosure and earnings information: Market, analyst and corporate responses. *Journal of Finance*, Vol. 58, No. 6, December 2003, pp. 2487 – 2514.

[39] Baker, K. , K. Haslem, Information needs of individual investors. *The journal of accountancy*, November 1973, pp. 64 – 69.

[40] Bamber, L. , O. Barron, T. Stober, Differential interpretations and trading volume. *Journal of Financial and Quantitative Analysis*, Vol. 34, Issue 3, September 1999, pp. 369 – 386.

[41] Barniv, R. , M. Myring, W. Thomas, The association between the legal and financial reporting environments and forecast performance of individual analysts. *Contemporary Accounting Research*, 2005, pp. 727 – 758.

[42] Barron, O. , Trading volume and belief revisions that differ among individual analysts. *The Accounting Review*, Vol. 70, No. 4, October 1995,

pp. 581 – 597.

［43］Barron, O. , Kim, S. Lim, D. Stevens, Using analysts' forecasts to measure properties of analysts' information environment. *The Accounting Review*, 1998, Vol. 73, No. 4, October 1998, pp. 421 – 433.

［44］Barron, O. , P. Stuerke, Dispersion in Analysts' earnings forecasts as a measure of uncertainty. *Journal of Accounting, Auditing and Finance*, Vol. 13, No. 3, April 1998, pp. 245 – 270.

［45］Barron, O. , C. Kile, O'Keefe. T. , M&A quality as measured by the SEC and analysts' earnings forecasts. *Contemporary Accounting Research*, Vol. 16, Issue 1, Spring 1999, pp. 75 – 109.

［46］Barron, O. , D. Byard, C. Kile, D. Riedl, Changes in analysts' information around earnings announcements. *Journal of Accounting Research*, Vol. 77, No. 4, October 2002, pp. 289 – 312.

［47］Barron, O. , D. Beyard, C. Kyle, D. Riedl, High-technology intangible and analysts' forecsts. *Journal of Accounting Research*, Vol. 40, Issue 2, May 2002, pp. 289 – 312.

［48］Barth, M. E. , R. Kasznik, Analyst Coverage and Intangible Assets. *Journal of Accounting Research*, Vol. 39, No. 1, June 2001, pp. 1 – 34.

［49］Barth, M. E. , G. Clinch, T. Shibano. Market effects of recognition and disclosure. *Journal of Accounting and Research*, Vol. 41, 2003, pp. 581 – 609.

［50］Benjamin, J. , S. K. , Differences in disclosure needs of major users of financial statements. *Accounting & Business Research*, Vol. 7, Issue 27, 1977, pp. 187 – 192.

［51］Benston, G. J. , Required disclosure and the stock market: an evaluation of the Act of 1934. *American Economic Review*, Vol. 5, Spring 1973, pp. 132 – 155.

［52］Berger, P. , R. Hann. , The impact of SFAS No. 131 on information and monitoring. *Journal of Accounting Research*, Vol. 41, 2003, pp. 163 – 223.

［53］Bernard, V. L. , J. K. Thomas, Evidence that stock prices do not fully reflect the implications of current earnings for future earnings. *Journal of Accounting and Economics*, Vol. 13, 1990, pp. 305 – 340.

［54］Bernard, V. L. , K. Schipper, Recognition and disclosure in financial reporting. working paper, 1994.

[55] Beyard, D. , K. Shaw, Corporate disclosure quality and properties of analysts' information environment. *Journal of Accounting, Auditing and Finance*, Vol. 18, Summer 2003, pp. 355 – 378.

[56] Bhushan, R. , Firm characteristics and analyst following. *Journal of Accounting and Economics*, Vol. 11, Spring 1989, pp. 255 – 274.

[57] Bowen, R. , A. Davis, D. Matsumoto, Do conference calls affect analysts' forecasts? *The Accounting Review*, Vol. 77, No. 2, April 2002, pp. 285 – 316.

[58] Ranson, B. , D. Pagach, Earnings predictability: do analysts make coverage choices based on ease of forecast? *Journal of American Academy of Business*, Vol. 7, October 2005, pp. 1 – 23.

[59] Brown, L. , R. Hagerman, P. Griffin, M. Zmijewski, Security analyst superiority relative to univariate time-series models in forecasting quarterly earnings. *Journal of Accounting and Economics*, Vol. 9, Issue 1, April 1987, pp. 61 – 87.

[60] Brown, L. D. , Analyst forecasting errors: additional evidence. *Financial Analysts Journal*, Vol. 53, 1997, pp. 81 – 88.

[61] Brown, S. , S. Hillegeist, How disclosure quality affects the level of information asymmetry. *Review of Accounting Studies*, Vol. 12, September 2007, pp. 443 – 477.

[62] Buzby, S. , Selected items of information and their disclosure in annual reports. *The Accounting Review*, Vol. 49, No. 3, July 1974, pp. 423 – 435.

[63] Byard, D. , K. Shaw, Corporate disclosure quality and properties of analysts information environment. *Journal of Accounting, Auditing and Finance*, Vol. 18, 2003, pp. 355 – 378.

[64] Canibano, L. , M. Garcia – Ayuso, B. Sanchez, Accounting for intangibles: a literature reiew. *Journal of Accounting Literature*, Vol. 19, 2000, pp. 102 – 130.

[65] Canning, J. B. , *The Economics of Accountancy* , Roland Press Company, 1929.

[66] Capstaff, J. , K. Paudyal, Rees. W. , A comparative analysis of

earnings forecasts in Europe. *Journal of Business Finance and Accounting*, Vol. 28, Spring 2001, pp. 531 – 562.

[67] Chandra, G. , A study of consensus on disclosure among public accountants and security analysts. *The Accounting Review*, Vol. 49, October 1974, pp. 773 – 742.

[68] Chang, J. , T. Khanna, K. Palepu, Analyst activity around the world. working paper, 2000.

[69] Chen, K. C. W. , M. P. Schoderbek, The 1993 tax rate increase and deferred tax adjustments: a test of functional fixation. *Journal of Accounting Research*, Vol. 38, No. 1, Spring 2000, pp. 23 – 44.

[70] Clement, M. B. Analyst forecast accuracy: do ability, resources and portfolio complexity matter? *Journal of Accounting and Economics*, Vol. 27, Issue 3, July 1999, pp. 285 – 303.

[71] Das, S. , C. Levine, K. Sivaramakrishnan, Earnings predictability and bias in analysts' earnings forecasts. *The Accounting Review*, Vol. 73, No. 2, April 1998, pp. 277 – 294.

[72] David, K. D. , C. Charlie, S. Raymond, Propect theory, analyst forecast and stock returns. *Journal of Multinational Financial Management*, Vol. 4, 2004, pp. 425 – 442.

[73] Demers, E. , Discussion of High – Technology inatangibles and analysts' forecasts. *Journal of Accounting Research*, Vol. 4, 2002, pp. 313 – 319.

[74] Dicksee, L. R. , Goodwill and its treament in accounts. *Accountant*, Vol. 9, No. 1, 1987, pp. 40 – 48.

[75] Dowen, R. J. , The relation of firm size, security analyst bias, and neglect. *Applied Economics*, Vol. 21, Spring 1989, pp. 19 – 23.

[76] Dowen, R. J. , Analyst reaction to negative earnings for large well-known firms. *The Journal of Portfolio Management*, Vol. 21, No. 1, 1996, pp. 49 – 55.

[77] Dugar, A. , S. Nathan, The effect of investment banking relationships on financial analysts' forecasts and investment recommendations. *Contemporary Accounting Research*, Vol. 11, No. 3, 1995, pp. 131 – 160.

[78] Duru, A. , D. Reeb, International diversification and analysts' fore-

cast accuracy and bias. *The Accounting Review*, Vol. 77, July 2002, pp. 415 – 433.

[79] Dyckman, T. R., D. H. Downes, R. P. Magee, *Efficient capital markets and accounting: a critical analysis*, Prentice – Hall, New Jersey, 1975.

[80] Eames, M., S. Glover, Earnings predictability and the direction of analysts' earnings forecast errors. *The Accounting Review*, Vol. 78, 2003, pp. 707 – 724.

[81] Eccher, E., P. Healy, The role of international accounting standards in transitional economies, a study of the people's republic of China, working paper, 2003.

[82] Eleswarapu, V., R. Thompson, K. Venkataraman, The impact of Regulation Fair Disclosure: trading costs and information asymmetry. *Journal of Financial and Quantitative Analysis*, Vol. 39, 2004, pp. 209 – 225.

[83] Elgers, P., M. Lo, Pfeiffer, Analysts' vs. investors' weightings of accruals inforecasting annual earnings. *Journal of Accounting and Public Policy*, Vol. 22, Issue 3, May – June 2003, pp. 255 – 280.

[84] Ertimur, Y., P. Shane, D. Smith, Overstated quarterly earnings and analysts' earnings forecast revisions. *Decision Sciences*, Vol. 26, 1995, pp. 781 – 801.

[85] Feltham, G. A., T. Z. Xie, Voluntary financial disclosure in an entry game with continua of types. *Contemporary Accounting Research*, Vol. 19, Fall, 1992, pp. 46 – 80.

[86] Francis, J., L. Soffer, The relative informativeness of analysts' stock recommendations and earnings forecast revisions. *Journal of Accounting Research*, Vol. 35, No. 2, Autumn 1997, pp. 193 – 211.

[87] Friday, D., C. Liu, H. F. Mittelstatedat, The value relevance of financial statement recognition versus disclosure: evidence from SFAS No. 106. *The Accounting Review*, October 1999, pp. 403 – 423.

[88] Fuller, J., M. Jesen, Just say no to Wall Street. *Wall Street Journal*, December 2001.

[89] Garcia – Meca, E., J. Pedro, B. Sanchez, Influences on financial forecast errors: a meta-analysis. *International Business Review*, Vol. 15, 2006,

pp. 29 – 52.

[90] Ghosh, A. , D. Moon, Auditor tenure and perceptions of audit quality. *The Accounting Review*, Vol. 80, October 2005, pp. 585 – 612.

[91] Glosten, L. , P. Milgrom, Bid, ask and transaction prices in a specialist market with heterogeneously informed traders. *Journal of Financial Economics*, Vol. 14, Issue 1, March 1985, pp. 71 – 100.

[92] Goldfinger, C. , Understanding and measuring the intangible economy: current status and suggestions for future research. working paper, 1997.

[93] Haw, I. , K. Jung, W. Ruland, The accuracy of financial analysts' forecasts after mergers. *Journal of Accounting, Auditing and Finance*, Vol. 9, Issue 2, March 1994, pp. 465 – 483.

[94] Healy, P. M. , A. Hutton, K. Palepu, Stock performance and intermediation changes surrounding sustained increases in disclosure. *Contemporary Accounting Research*, Vol. 16, April 1999, pp. 485 – 520.

[95] Healy, P. M. , K. G. Palepu, Information asymmetrey, corporate disclosure and the capital markets: a review of the empirical disclosure literature. *Journal of Accounting and Economics*, Vol. 31, 2001, pp. 405 – 440.

[96] Healy, P. M. , K. G. Palepu. Information asymmetry, corporate disclosure, and the capital markets: a review of the empirical disclosure literature. *Journal of Accounting and Economics*, Vol. 31, Issue 1 – 3, September 2001, pp. 405 – 440.

[97] Heflin, F. , K. Subramanyam, Y. Zhang, Regulation FD and the financial information environment: early evidence. *The Accounting Review*, Vol. 78, 2003, pp. 1 – 37.

[98] Hirschey, M. , J. Weygandt, Amortization policy for advertising and research and development expenditures. *Journal of Accounting Research*, Vol. 23, No. 1, Spring 1985, pp. 326 – 335.

[99] Hirst, E. , P. Hopkins, Comprehensive income reporting and analysts' valuation judgments. *Journal of Accounting Research*, Vol. 36, 1998, pp. 47 – 75.

[100] Hirst, E. , P. Hopkins, J. Wahlen, Fair values, income measurement, and bank analysts' risk and valuation judgments. *The Accounting Review*, Vol. 79, 2004, pp. 454 – 473.

[101] Hodgson, A., J. Okunev, R. Willet, Accounting for intangibles: a theoretical perspective. *Accounting & business research*, Vol. 23, 1993, pp. 138 – 150.

[102] Hoegh – Krohn, K. H. Knivsfla. Accounting for intangible assets in Scandinavia, the U. K., the U. S. and by the IASC: chanllenges and a solution. *The International journal of accounting*, Vol. 35, Issue 2, July 2000, pp. 243 – 265.

[103] Hong, H., J. Kubik, Solomon. D., Security analysts' career concerns and herding of earnings forecasts. *Rand Journal of Economics*, Vol. 31, No. 1, Spring 2000, pp. 121 – 144.

[104] Hong, H., J. Kubik, Analyzing the analysts: career concerns and biased earnings forecasts. *Journal of Finance*, Vol. 58, Issue 1, February 2003, pp. 313 – 351.

[105] Hope, O., Disclosure practices, enforcement of accounting standards, and analysts' forecast accuracy: An international study. *Journal of Accounting Research*, Vol. 41, May 2003, pp. 235 – 272.

[106] Hope, O., Accounting policy disclosures and analysts' forecasts. *Contemporary Accounting Research*, Vol. 20, 2003, pp. 295 – 321.

[107] Hopkins, P., The effects of financial statement classification of hybrid financial instruments on financial analysts' stock price judgements. *Journal of Accounting Research*, Vol. 34, 1996, pp. 33 – 50.

[108] Hopkins, P., R. Houston, M. Peters, Purchase, pooling and equity analysts' valuation judgments. *The Accounting Review*, Vol. 75, No. 3, July 2000, pp. 257 – 281.

[109] Hunton, J., R. McEwen, An assessment of the relation between analysts' earnings forecast accuracy, motivational incentives and cognitive information search strategy. *The Accounting Review*, Vol. 72, No. 4, October 1997, pp. 497 – 515.

[110] Hwang, L., C. Jan, S. Basu, Loss firms and analysts' earnings forecast errors. *Journal of Financial Statement Analysis*, Vol. 1, No. 2, May 1996, pp. 18 – 31.

[111] Irani, A. J., I. Karamanou, Regulation fair disclosure, analyst following and analyst forecast dispersion. *Accounting Horizons*, Vol. 17, No. 2,

2003, pp. 15 – 29.

[112] Jacob, J. , S. Rock, D. Weber, Do analysts at independent research firms make better earnings forecasts? Working paper, September 2003.

[113] Kim, O. , V. R. , Market liquidity and volume around earnings announcements. *Journal of Accounting and Economics*, Vol. 17, Issues 1 – 2, January 1994, pp. 41 – 67.

[114] Kim, O. , R. E. Verrecchia, Pre-announcement and Event-period Private Information. *Journal of Accounting and Economics*, Vol. 24, Issue 3, December 1997, pp. 395 – 419.

[115] Kohlbeck, M. J. , T. Warfield, The role of unrecorded intangible assets in residual income valuation: the case of banks. working paper, 2002.

[116] Kross, W. , B. Ro, D. Schroeder, Earnings expectations: the analysts' information advantage. *The Accounting Review*, Vol. 65, No. 2, April 1990, pp. 461 – 476.

[117] Kyle, A. , Continuous auctions and insider Trading. *Econometrica*, Vol. 53, 1985, pp. 1315 – 1335.

[118] Lang, M. , R. Lundholm, Cross-sectional determinants of analyst ratings of corporate disclosures. *Journal of Accounting Research*, Vol. 31, 1993, pp. 246 – 271.

[119] Lang, M. , R. J. Lundholm, Corporate disclosure policy and analyst behavior. *The Accounting Review*, Vol. 71, 1996, pp. 467 – 492.

[120] Leake, P. D. , Goodwill: its nature and how to value it. *Accountant*, January 1914, pp. 81 – 90.

[121] Lev, B. , On the usefulness of eamings and eamings research: lessons and directions form two decades of empirical reseach. *Journal of Accounting and Research*, Vol. 27, 1989, pp. 153 – 191.

[122] Lev, B. , T. Sougeannis, The capitalization, amortization and value relevance of R&D. *Journal of Accounting and Economics*, Vol. 71, 1996, pp. 467 – 492.

[123] Lev, B. , P. Zarowin, The boundaries of financial reporting and how to extend them. *Journal of Accounting Research*, Vol. 37, 1999, pp. 353 – 385.

[124] Levitt, A. , The importance of high quality accounting standards.

Accounting Horizon, Vol. 12, 1998, pp. 65 – 87.

[125] Lin, H. , M. F. McNichols, Underwriting relationships, analysts' earnings forecasts and investment recommendations. *Journal of Accounting and Economics*, Vol. 25, 1998, pp. 101 – 127.

[126] Lundholm, R. J. , What affects the efficiency of a market? some answers from the laboratory. *The Accounting Review*, Vol. 67, 1991, pp. 486 – 515.

[127] Lundholm, R. J. , L. A. Myers, Bringing the future forward: the effect of disclosure on the returns-earnings relation. *Journal of Accounting and Research*, 2002, Vol. 21, pp. 57 – 78.

[128] Matolcsy, Z. , A. Wyatt, Capitalized intangibles and financial analysts. *Accounting and Finance*, Vol. 46, 2006, pp. 457 – 479.

[129] Miller, Rose. M. , Can market learn to avoid bubbles? Working paper, 2002.

[130] MinNa, Y. , Analyst activity and corporate governance: a globle perspective. Working paper, 2007.

[131] O'Brien, P. C. , R. Bhushan, Analyst following and institutional ownership. Journal of Accounting Research, Vol. 28, 1990, pp. 55 – 76.

[132] Patz, D. H. , UK analysts' earnings forecasts. *Accounting & Business Research*, Vol. 19, 1989.

[133] Plumlee, M. , The effect of information complexity on analysts' use of that information. *The Accounting Review*, Vol. 78, 2003, pp. 275 – 296.

[134] Previts, G. , R. Bricker, T. Robinson, S. Young, A content analysis of sell-side financial analyst company reports. *Accounting Horizons*, Vol. 8, 1994, pp. 55 – 70.

[135] Ramnath, S. , S. Rock, P. Shane, The financial analyst forecasting literature: A taxonomy with suggestions for further research. *International journal of forecasting*, Vol. 24, 2008, pp. 34 – 75.

[136] Riahi – Belkaoui, A. , Prediction performance of earnings forecasts of U. S. firms active in developed and developing countries. *Research in Accounting in Emerging Economics*, Vol. 3, 1995.

[137] Richardson, S. , S. Teoh, P. Wysocki, The walk-down to beatable analyst forecasts: The role of equity issuance and insider trading incentives.

Contemporary Accounting Research, Vol. 21, Issue 4, Winter 2010.

[138] Ritter, A. , P. Wells, Identifiable intangible asset disclosures, stock prices and future earnings. *Accounting and Finance*, Vol. 46, 2006, pp. 843 – 863.

[139] Schipper, K. , Analysts' forecasts. *Accounting Horizons*, Vol. 4, 1991, p. 121.

[140] Schulte, P. , M. Zirman, Do the individuals closest to internet firms believe they areovervalued? *Journal of Financial Economics*, Vol. 59, 2001, pp. 347 – 381.

[141] Skofsvik, K, Conservative accounting principiles, equity valuation and the importance of voluntary disclosure. *British Accounting Review*, Vol. 30, 1998, pp. 361 – 381.

[142] Sougiannis, T. , T. Yaekura, The accuracy and bias of equity values inferred from analysts's forecasts. *Journal of Accounting, Auditing and Finance*, Vol. 16, 2001, pp. 331 – 362.

[143] Verrecchia, R. , Essays on disclosure. *Journal of Accounting and Economics*, Vol. 32, Issue 1 – 3, December 2001.

后　记

　　无形资产的资本化问题一直以来都是会计确认计量领域具有挑战和具有最多争议的领域，也是知识经济时代决定财务报告质量的关键。在全球经济一体化的背景下，国际会计准则致力于建立全球统一的会计核算口径和体系的理念已风靡全球。在国际会计准则制定的过程中，无形资产准则的制定面临最多的争议，也是国际会计准则委员会面对的最艰难的挑战。出现这种局面的主要原因在于无形资产准则制定面临着多重矛盾的平衡：(1) 资本化 V.S 费用化；自创无形资产需要前期大量投入或经过漫长的研究开发才能获得，如果把在这些支出费用化，大量反映企业核心价值的无形资产则不能在报表上体现。然而如果把这些支出资本化，则无法避免资本化支出被人为操纵的风险。(2) 信号功能 V.S 利润操纵；有效契约理论认为，如果允许管理层在资本化和费用化过程中加入自己的判断，拥有一定的会计政策选择权会使管理层有机会向外部发出更多地反映企业经济实质的信号。然而，机会主义理论认为，管理层利用会计政策选择权进行利润操纵，从而实现其自身利益最大化。(3) 相关性 V.S 可靠性；如果放宽无形资产资本化的口径和管理层的会计政策选择空间，报表中的无形资产信息可以体现企业更多的经济实质，无形资产信息的相关性得到提高，但由于管理层可能进行的利润操纵，信息的可靠性则可能下降。如何在这些进退维谷的选择中，尽量做到客观公允地反映无形资产的价值已经不仅仅是一个会计的学术问题，更是一种平衡的哲学艺术。

　　我对无形资产资本化问题的研究始于 2007 年，那时，我正作为联合培养博士在澳大利亚墨尔本大学进行学习。澳大利亚于 2005 年 1 月开始全面采纳国际会计准则，在其采纳国际会计准则之前的无形资产准则与国际会计准则无形资产准则差异巨大，关于澳大利亚本土的无形资产准则与国际无形资产会计准则孰是孰非，澳大利亚学术界和实务界在之后的几年间展开了场面空前的学术大讨论，那也是我第一次认识到无形资产资本化问题在会计领域的重要性和争议性。我和我的导师 Greg Clinch 教授针对澳洲的无形资产准则的变迁撰写了一篇论文，并发表在"Accounting & Finance"上。

2010年初，我结束了在澳大利亚联合培养博士的学习回到中国。此时正值我国2007年刚刚实施了与国际会计准则趋同的新准则两周年，我研究了准则的变化，发现我国无形资产准则在与国际会计准则的趋同中也经历了较大的变动。然而，对于我国无形资产和国际会计准则无形资产准则的孰是孰非，采纳之后的效果如何却并未如澳大利亚那样引起学术界的高度重视和讨论，这也是我要深入研究我国无形资产资本化问题的重要原因。我结合我国无形资产准则的变迁，研究了我国无形资产资本化的相关研究问题，并以此申请到了国家自然科学基金（71202125）、教育部人文社科基金青年项目（12JC630226）的资助，并将成果发表在《会计研究》等期刊上。

2016年，我有幸获得美国富布赖特高级访问学者计划的资助，前往波士顿大学进行访问。我发现，在全球经济一体化的潮流下，美国会计准则仍然保持美国自己的会计特色，并没有和国际会计准则进行趋同。在无形资产准则上，美国的无形资产准则仍然和国际会计准则无形资产准则保持着巨大的差异，这让我深感无形资产资本化问题的复杂性、争议性和重要性，同时也深感对无形资产资本化问题的研究应该既应该重视基础理论性的研究，又应该上升为国际研究视角。因此，我萌发了将自己之前对我国的无形资产资本化问题的研究整理出版的念头，之后再针对无形资产资本化的国际视角进行深入研究的想法，这是本书的由来。

本书在撰写的过程中，非常感谢澳大利亚墨尔本大学Greg Clinch教授、美国波士顿大学Edward Riedl教授提出了宝贵的建议、感谢经济科学出版社王娟编辑的大力支持、感谢国家自然科学基金青年项目（71202125）、教育部人文社科基金青年项目（12JC630226）的资金支持，感谢我的家人替我承担了很多家庭工作，让我可以在繁忙的工作之余有时间整理此书稿，也让我有信心和勇气继续编纂本书的姐妹篇《无形资产资本化问题研究：基于国际化视角》，目前这本书正在撰写中，期待不久的将来可以和大家见面。

魏　紫

2018年6月10日于北京